坐火车游盛唐

[马来西亚] 赖瑞和 著

中国友谊出版公司

图书在版编目（CIP）数据

坐火车游盛唐 / （马来）赖瑞和著 . -- 北京：中国友谊出版公司，2022.3

ISBN 978-7-5057-5376-1

Ⅰ . ①坐… Ⅱ . ①赖… Ⅲ . ①中国历史－唐代－通俗读物 Ⅳ . ① K242.07-49

中国版本图书馆 CIP 数据核字 (2021) 第 230539 号

著作权合同登记号　图字：01-2022-0356

书名	坐火车游盛唐
作者	[马来] 赖瑞和
出版	中国友谊出版公司
发行	中国友谊出版公司
经销	新华书店
印刷	天津中印联印务有限公司
规格	880×1230 毫米　32 开
	6.5 印张　106 千字
版次	2022 年 3 月第 1 版
印次	2022 年 3 月第 1 次印刷
书号	ISBN 978-7-5057-5376-1
定价	49.80 元
地址	北京市朝阳区西坝河南里 17 号楼
邮编	100028
电话	（010）64678009

自序

本书书名《坐火车游盛唐》，原先是台湾繁体版的书籍装帧设计人王行恭先生替我取的。最初我对这书名还有些“抗拒”，觉得盛唐已经不在了，如何坐火车游盛唐呢？

后来想想，我书中的确有不少盛唐情怀、盛唐意象、盛唐典故、盛唐历史。书前几章所呈现的西安和整个西北，当然和盛唐有莫大的关系。但即使到了一些看似和盛唐无关的地方，我其实都在遥念着我的盛唐。

比如，到了云南大理，我最关心的不是金庸《天龙八部》所写的宋代大理，而是唐代的大理，也就是南诏国，以及那通有名的《南诏德化碑》。到了北京，我想的不是故宫及颐和园这些明清遗物，而是唐代白居易的《长恨歌》，因为这首诗提到，北京在盛唐时期出了一个乱唐的安禄山。到了广州，我最想去探访的一个地方，是广州的中山大学，因为现代唐史研究的开山祖师陈寅恪教授，晚年就住在中大校园里的一座楼房里。

原来，我那些年坐火车远游中国，竟往往是带着寻访盛唐遗事的心情而去的。本书的姊妹篇《杜甫的五城》（简体版由清华大学出版社出版）写我在国内4万多千米的旅行，便用了盛唐杜甫诗的典故："五城何迢迢？迢迢隔河水。"现在，这本图解版就叫《坐火车游盛唐》，谁曰不宜？坐火车的确让我看到了许多不易见到的唐代文史景观。后来我真的爱上了王行恭先生帮我取的这个书名，觉得它又贴切，又抢眼！这里我想再次感谢王先生。

这本图文书的重点，是和我个人专业有关联的"唐代文史景观"。我的摄影取景，比较偏向一种人文气氛。比如，唐诗中常出现的终南山，是许多唐诗爱好者所熟悉的。王维的名句如"中岁颇好道，晚家南山陲""行到水穷处，坐看云起时""欲投人处宿，隔水问樵夫"等，场景都在终南山。但有多少人见过终南山？许多到过西安的观光客，恐怕也都没见过这座名山，因为它位于西安南郊约30千米，不属于热门的旅游景点，鲜少有游客会去。

至于终南山的照片，也不易找。我过去只在邹宗绪等人编的《千年古都西安》（香港三联书店出版）这本大型图册中见过一张。但那张照片也只是拍了一座高山，缺乏周围的景物，连拍摄地点都没有交代清楚，仿佛可以是任何一座高山。所以，这次我在这本《坐火车游盛唐》中，便特地选了好几张和终南山有关的照片，想让唐诗和唐史爱好者从不同的角度，观赏这座名山的远貌和近影。我还加写了一小段考据文字，说明唐诗中的“终南山”和现代地图上的“终南山”有什么不同。

又如唐玄宗，他和杨贵妃的风流韵事是俗文学常见的题材，十分轰轰烈烈，但有谁知道玄宗死后，他的陵墓泰陵却异常凄清、异常简陋？他也没有能够跟他那“宠爱三千”的杨贵妃葬在一起。这陵墓是许多游客不会去的，照片也不见于《千年古都西安》。

我自己那年倒是特地跑到陕西蒲城县去寻访玄宗的泰陵，拍了几张当时难得一见的照片。在这本书里，有一张泰陵的全景照，我想或能显现玄宗死后的凄清。两头石狮子看守着他的神道超过 1200 年了，一副无限寂寞的样子。

我不是专业摄影的，不敢说这是“摄影集”，只能说这是一本很个人化的“私相簿”，想让那些读过《杜甫的五城》的读者，一“窥”书中文字世界的另一面；也让其他新读者，看看当年我在中国见到的一些影像、一些让我心动的风景。

然而，中国毕竟太大了，我拍摄的照片实在不能涵盖所有我去过的地方。比如，我曾经到过李白晚年常去的安徽宣城，也去爬了城郊的敬亭山，可惜那天拍的照片都不合格，这里就无法选用了。虽然我在《杜甫的五城》最后一章《相看两不厌》，细写了我到宣城和敬亭山去的经过。但毕竟，这是一本“私相簿”，跟“私日记”一样，是很个人化的，目的不在“求全”，而是要保存一些让我“有感觉的”影像。

这本“私相簿”的文字部分，都没有和《杜甫的五城》重复。我想借这个机会，补写一些从前遗漏的细节，或者从另一个角度，重写当年见过的景物。我想用一种比较精简、随兴、轻快的文字来配合照片，就像在旅途上给远方朋友们写一张张的明信片那样亲切。有时我也做一点“小考证”。

近日重新翻阅这本“私人相簿”，我还是难以相信，当年竟一个人跑了那么多远路，走过了大半个中国，见到不少如今或已在慢慢消失的景象。我想我是幸运的——在壮年时有过这样的壮游。

赖瑞和

2021 年 3 月 11 日

sflai1953@gmail.com

目　录

CONTENTS

第一章

杜诗孕育了我的中国梦

五城何迢迢？迢迢隔河水。
边兵尽东征，城内空荆杞。
思明割怀卫，秀岩西未已。
回略大荒来，崤函盖虚尔。
延州秦北户，关防犹可倚。
焉得一万人，疾驱塞芦子。
岐有薛大夫，旁制山贼起。
近闻昆戎徒，为退三百里。
芦关扼两寇，深意实在此。
谁能叫帝阍，胡行速如鬼。

杜甫《塞芦子》

我的整个中国之旅，其实是从这首杜诗《塞芦子》开始的。

20 世纪 80 年代初期，我在美国普林斯顿大学念博士，论文题目是《唐代的军事与边防制度》，平时读书便不免留意这方面的材料。有一天，读到杜甫的《塞芦子》，不禁深深为之着迷。后来，我不但在博论中引用了这首杜诗，证明那五城对唐代西北的防卫是多么重要，而且还特地到这五城走了一趟。

这首《塞芦子》没有收在《唐诗三百首》等通俗的选集中，它并不怎样为人所知。我想，许多念中文系的学生，恐怕也没有读过这首诗。但我觉得，这首诗却很能为杜甫“诗史”的美名作一个注解。许多时候，他的确是以诗来写史——以唐诗写他那个时代的唐史。所以读唐史的人反而会很留意他的某些诗作。

比如，这首《塞芦子》便是杜甫评论那五城所写的一首时论诗。当时正是安史之乱的第二年，原本驻守在五城的边兵，都调往东部去应付安史的叛军。他认为这样让五城一带的边防空虚不妥，所以建议在芦子关这个要塞，调派一万人守关。清代杨伦的《杜诗镜铨》便说杜甫这是“以韵语代奏议”，即以诗的形式代替正式的公文奏议，向皇帝提意见。

这首诗用了不少时事典故，颇不易懂。如今隔了一千多年，大家恐怕都得翻查杨伦等人的笺注才能看懂这首诗了。且让我也根据杨伦等人的注，把全诗的意思用现代的白话文再说一次：

五城有多遥远啊？遥远得隔着黄河水。边防的兵士全都调往东面去作战，城内空虚，长满荆棘。叛军将领史思明割舍了怀州和卫州向西前进。另一叛军将领高秀岩也向西不停进发。如果这些叛军趁机往西边的大漠绕个大圈包抄过来，那么所谓潼关以东崤山和函谷之坚固可守，就要落空了。延州本来是陕北的门户，关防还可以倚靠。怎样能得到一万人，赶去堵守那里的芦子关防叛军？长安西边附近的岐山扶风，有薛景仙防守，从旁制止山贼起来闹事。近来听说昆戎等叛徒，也因此退了三百里。芦子关扼守着两寇，其深刻意义就在这里。谁能叫皇帝明白，胡人的行动快得像鬼。

诗一开头提到的“五城”，指的是唐代在黄河外所筑的五座军城：丰安城（今宁夏中卫附近）、定远城（今宁夏平罗附近）、西受降城（今内蒙古杭锦后旗乌加河北岸）、中受降城（今内蒙古包头市西北）及东受降城（今内蒙古托克托以南）。这五城首尾相应，形成一条长达1000多千米的防线，防止突厥和吐蕃的侵略。

其实，据古今中外学者所作的年谱和考证，杜甫本人是从未到过这五城的。难得他却对五城的防卫和时局，有那么深的认识。安史乱起，玄宗往南奔蜀避难。他的儿子肃宗则往北逃到灵武（今宁夏灵武附近）即皇帝位。当年的灵武正好位于五城中的第一城丰安城和第二城定远城的中间。杜甫原想到灵武拜见皇帝，不料中途却被叛军捉拿，送往沦陷的长安。他大约便是在这时写下这首《塞芦子》诗。等他逃出长安时，肃宗已南迁到长安以西约150千米的凤翔（今陕西凤翔）。于是杜甫

就在那儿“麻鞋见天子，衣袖露两肘”。凤翔离五城当中的丰安算是最近的了，但也还有一段距离，至少还得走上 500 千米的路。难怪杜甫要问“五城何迢迢”啊。

至于远在今内蒙古的三受降城，唐代诗人当中似乎只有李益去过。他的《夜上受降城闻笛》收在《唐诗三百首》中。小学生大概都读过：“回乐峰前沙似雪，受降城外月如霜。不知何处吹芦管，一夜征人尽望乡。”第一句形容回乐峰前的“沙似雪”，可见唐代士兵戍边的场景是如何的黄沙满天。

《塞芦子》中提到的这五城，看起来是那么的遥远，连杜甫本人都没到过，而且还在咏叹“何迢迢”。于是，这五城在我的想象中慢慢变成了一种诱惑。虽然我知道，这五城其实早已不存在，埋在黄河外的沙漠中了，但我想，我还是可以沿着五城的火车路线去走一回吧。

当然，我少年时就很想浪游整个中国。可是少年的梦像轻烟一样，很模糊，是没有任何旅行路线图的。一直到我在研究所读了《塞芦子》这首杜诗后，我的中国梦才变得清晰起来，才算第一次有了一条真正的旅行路线：我要乘坐火车走完这杜甫五城的全程。我要从现代的兰州出发，顺着黄河的流向往北，经过中卫、银川、平罗、五原和包头，一直走到呼和浩特，感受那“五城何迢迢”的滋味。这条铁路线，几乎全都建在黄河外的沙漠上，就像杜诗所说的“迢迢隔河水”。全程约 1200 千米，

如今只有这伊水河边上的龙门石窟，还保存一点北朝隋唐的余光。

坐火车要大约21个小时。结果，我花了两天才走完，中途还在银川停留了一晚。可见这五城是多“迢迢”啊！

这首杜诗孕育了我的中国之旅。我后来越走越远，去的地方越来越多，前后进出中国九次之多。如今回想起来，我还真有些不能相信，我曾经乘火车、挤巴士，在那辽阔的大地上走了超过48000千米的路，走完了几乎大半个中国。

第二章

欲往城南望城北

——古都西安

曲江

那么多唐代诗人在长安（今古都西安）生活过，在那里做官或者四处干谒求功名。他们有的最终发达，如高适；有的到老还是贫苦，如杜甫。他们写过那么多咏叹长安景物的名诗，这些诗合起来，真可以作为我在西安的“向导”了。至少，每到一处，总会让人想起一首唐诗来。

比如，我常觉得，杜甫的诗就是很好的西安“导游诗”。那年秋天，我从广州乘坐了第272次直快车，在火车上度过了两天两夜，来到了西安。我第一个去寻访的地方，便是杜诗常提到的曲江。他写过好几首咏曲江的诗，如《曲江三章》《九日曲江》等等，但最有名的，恐怕还是那首收入《唐诗三百首》的《丽人行》：

三月三日天气新，长安水边多丽人。

这“水边”，指的便是长安东南方的曲江池边（今西安大雁塔东南方）。三月三日是古代的上巳节，古人在这一天到水边游宴采兰，驱除不祥。这首诗写杨贵妃的哥哥杨国忠和他的三个妹妹，在这一天到曲江池边游宴作乐的骄态。他们所吃的很有些中亚风味，也很能反映唐代“胡化”之深：竟是骆驼峰肉，是用翡翠锅子烹煮的，以及素白之鱼，是用水晶盘子盛着的：

紫驼之峰出翠釜，水精之盘行素鳞。

当年西安街头，还有驴子拉着一车的麦草。

可是，据杜甫说，他们对着驼峰素鳞那样的美味，竟握着犀牛角做的筷子迟迟不夹菜，吃腻了：

犀箸厌饫久未下。

杜甫写诗，常让人有身历其境的感觉，所以我说他是个很好的

“向导”，好像他就在旁亲眼见到这些美味似的。他连杨家兄妹用什么锅子、盘子、筷子，都交代得清清楚楚。

然而，我去了曲江一趟回来，觉得这首《丽人行》还隐隐让人感觉到长安城范围之大。杜甫是个很细心的诗人。他当然知道唐代的宫殿位于城北的龙首原（今西安火车站以北的龙首村一带），而曲江在城南（今大雁塔东南），两地其实隔得很远，约有10千米之遥。所以，他写宫中的宦官和御厨给杨家兄妹送来山珍海味时，就有下面两句精确的描写：

黄门飞鞚不动尘，御厨络绎送八珍。

10千米的距离，当然得骑马送菜了，而且还得出动快马（“飞鞚”）、“络绎”而来，可以想见唐代长安城南北之遥了。

西安火车站是座仿唐建筑，屋顶正脊两端各有一个鸱尾，很有盛唐气象。

杜甫本人在长安困居了十年，生活潦倒。他在《奉赠韦左丞丈二十二韵》中，说自己“骑驴十三载，旅食京华春”。我在西安时，倒喜欢骑着一辆租来的旧自行车四处闲荡，去细细体会杜甫和其他唐代诗人，在诗中所呈现的长安城之大。

当年我住在西安北部火车站对面的解放饭店。从我住的饭店五楼长窗，可以见到火车站雄伟的建筑。火车站屋顶上正脊左右两边的那一对鸱尾，最令我感兴趣了。有些学者说，鸱尾其实是取一种海鱼尾巴的形象。它旁边那弧形的条状物，刻的便是鱼鳍。但在我看来，鸱尾更像是一只勇猛老鹰的头部，倒转竖立在正脊上。唐代或仿唐建筑的正脊上，都有这对鸱尾。火车站远远看去，确有些盛唐气象。它的建筑格局，正有几分像山西五台山那座著名的唐代佛光寺东大殿。

西安陕西省博物馆各建筑屋顶上都有这种唐代的鸱尾。草地上的石马来自某一座唐陵。

我在饭店的小卖部租了一辆自行车，沿着一条又长又宽又直的大道，骑到东南部的曲江遗址。全程约 8 千米，我骑了两个多小时才到。唐代宫殿的位置，比今天的解放饭店和火车站一带还要靠北，约偏东北 2 千米。当年，宫中来人骑马给杨家兄妹送菜，得骑上约10千米的路。菜送到时，恐怕早都凉了。杜甫骑驴，看来比我骑自行车还要慢。

《丽人行》是杜甫在公元753年写的。公元755年，安史之乱爆发了。杨贵妃、杨国忠和那杨家三姐妹，全都在长安附近的马嵬驿被杀。杜甫被困在沦陷的长安。过了两年，公元757年春天，他又偷偷跑回曲江去，“春日潜行曲江曲”，写下一首哀曲江的名诗《哀江头》（也收在《唐诗三百首》中）。然而，他这时所见到的曲江，已经没有四年前那种春游作乐的盛况了：

江头宫殿锁千门，细柳新蒲为谁绿？

他不免哀叹那些美人“明眸皓齿今何在”？最后，他发现“黄昏胡骑尘满城”，而自己则“欲往城南望城北”。

历代对“欲往城南望城北”有两种解释。一说“望”的意思是“向”，如宋代的陆游在他的《老学庵笔记》中说：“北人谓‘向’为‘望’。”照这种说法，杜甫那时住在长安城南，他见到了曲江池的衰景后，原本想往南行回家去，不料却思绪紊乱，不辨方向，竟向城北走去了。这句诗也因此成了后人不辨方向的“原典”。杨绛在《干校六记·冒险记幸》中，便引了这句杜诗。她说：“我确是个不辨方向的动物，往往‘欲往城南望城北’。”

另一说“望”是真的“望”，不是“向”。韩成武和张志民的《杜甫诗全译》（河北人民出版社 1997 年版），把这句诗译成了白话：“我想回到城南住处，却仍频望城北是否来了官军。”这可算译对了大半。但杜甫只说他在“望城北”，并没那么“露骨”地说他在盼望“官军”。译者在这里把“望”字的意思弄对了，但似乎没能抓到杜甫“望城北”的心思。

1989 年夏天的西安街头，还有流动的书报摊。

我觉得还是史学大师陈寅恪的解说，比较能切中杜诗的旨意。早在 1950 年，他在《元白诗笺证稿》中论及白居易的《卖炭翁》，附带提到这首杜诗时，就感叹“自宋以来注杜诗者，多不得其解”。他指出，长安城北是宫阙所在，杜甫回望城北，

“隐示其眷念迟回不忘君国”也。但今天许多通俗诗选注本，还是把“欲往城南望城北”解释成杜甫迷了方向，没有注意到陈寅恪在半个世纪之前就提出的新解。

杜甫的《丽人行》和《哀江头》，很自然地把长安城南北之遥和南北的对比“暗托”了出来。读唐史的人，或到过古都西安的人，应当都知道，唐代的宫殿大明宫位于城北。杜甫在城南，其实也“望”不到10千米之外的城北，更不可能“望”到宫殿。他这一“望城北”的动作，和唐诗中许多“望昭陵”的举动一样，都只是象征式的，只是往城北那个方向望一望就是了。我骑自行车从今天的西安城北骑到城南以后，更能欣赏这两首杜诗所蕴含的地理学意义了。

可惜，杜甫当年在曲江所见到的春游宴乐盛景，今天见不到了。我在1989年夏所见到的曲江，池水早已干涸，变成了一大片农田。但杜甫当年在曲江附近所登临的那座慈恩寺塔，至今还存在，更成了今天西安的标志，俗称大雁塔。

大雁塔

公元752年，杜甫和高适、岑参、储光羲和薛据等人同游慈恩寺塔。这应当是天宝诗坛上的一大盛事。当年登塔的诸公，后来都写了诗纪念这件事。杜甫也写了一首《同诸公登慈恩寺塔》。

历代的诗评家最喜欢给这几首登塔诗做比较，看哪一首写得最好。

隔了1000多年后，我也步这几位唐代大诗人之后，去登了大雁塔。但我的兴趣和杜甫大不相同。杜甫是在那里“感时忧国”的。诗中有两句，“秦山忽破碎，泾渭不可求”，说他登上了这高塔，就见到秦山（即秦岭）忽然破成了碎块，泾水和渭河也难分清浊。我倒想看看西安城中是否可以见到周围的那些高山。

但我登了大雁塔，却发现西安城中不能见到四周那些高山，更见不到杜甫所说的“秦山”。秦山远在长安南部30多千米之遥。我登塔的那天早上，天气好极了，天空晴朗，但却连朦胧的远山影子也看不到。而杜甫竟说“秦山忽破碎”，那多半是源自他诗人的想象。至于泾水和渭水交汇之处，更离长安还有几十千米的路，恐怕也不可能在慈恩寺塔上见到。

看来，我们都不能把杜甫这些诗句看得太死，否则要闹出笑话来。我后来读冯至那本《杜甫传》，发现他就把这两句杜诗，当成是真的实景描写。他说，杜甫“在秋天的黄昏望见秦山破碎，泾渭难分，从无语的山川里看出来时代的危机”。冯至不愧是现代名诗人。他这本《杜甫传》初版于1952年，在目前所有杜甫传记中，他的文笔是最清丽可读的。我觉得，在许多方面，此书到现在还是最好的杜甫传之一，并没有过时。但我想，

当年杜甫和岑参等大诗人登临过的大雁塔。

冯至写这本书时，恐怕没有到过西安，没有登过大雁塔，否则他不会这样写。

我原本是研究唐代军事和防御制度的，自然比较留意唐诗中所写的山川险要。西安本身其实是个地形非常平坦的城市，非常适合骑自行车。我到曲江旧址时骑自行车，就已经充分体会到它的地势之平了。我骑了 8 千米，全是平平之地，毫不费力。现在，从雁塔上瞭望，整个西安城都看清楚了，并没有见到起伏的山坡。

西安南部有著名的终南山，东部有唐玄宗和杨贵妃避冬的骊山，但这些名山都远在 30 多千米之外，在市区是望不到的。我曾经站在火车站前的广场上，抬头一望，并没有见到什么高山。在大雁塔上，也没有看见。后来我特地跑到西安东郊的临潼，才见到骊山；到南郊的翠华山去，才得以望见终南山。

小雁塔

我游过大雁塔后，又骑着自行车，途经著名的朱雀大街，去看看小雁塔。

唐高宗李治不算是个很有作为的皇帝，他的声名也远不如他的妻子武则天。但今天西安城中的大小雁塔，倒都跟李治有关系。

西安小雁塔，比大雁塔更古拙可爱。

大雁塔是他为了安置玄奘从印度带回来的佛经而建造的。小雁塔的所在地荐福寺，正是高宗死后，武则天等皇室族戚为高宗荐福而建的。

小雁塔看来比大雁塔古拙可爱，更为精美。它的造型，后来也为云南、四川等地的唐宋古塔仿效。比如大理在唐南诏时期所建的崇圣寺三塔中的那座大塔，便有几分像小雁塔。

乐游原

曲江附近还有一个名胜，叫乐游原，倒是一个地势比较高的地方。唐诗中常提到此原，也称为乐游园或乐游苑。杜甫有一首《乐游园歌》，写一位姓杨的“公子”设筵招待他的所见所感。其中有两句，“公子华筵势最高，秦川对酒平如掌”，就以乐游原地势之高，来跟整个秦川的平坦作对比。秦川就是长安所在的关中大平原。

今天，乐游原只是一个小小的山坡罢了。在唐代，它应当也高不到哪儿去，恐怕连小山也算不上。最好的证据便是李商隐那首歌咏此原的名诗《登乐游原》：“向晚意不适，驱车登古原。夕阳无限好，只是近黄昏。”他能够“驱车”登上此原，可见此原不算什么高山，否则以唐代的马车、牛车或驴车，恐怕是爬不上去的。李商隐写这首诗时，已年过 40 岁，妻子先他而去，他的心情的确应当是“不适”的。我们或可想象一个丧偶的中年诗人，驱赶着一辆车，在黄昏时分登上长安的一个高地去借夕阳消愁，那是一种怎样的光景呢？

杜甫到过乐游原，李商隐也到过，甚至杜牧和许多其他唐代诗人都到过，也都写了诗。这是因为唐代长安城跟今天的西安城一样，太平坦了，而乐游原是少数几个地势比较高的地方，可以登高望远，让诗人们看看那无限好的夕阳和远山。

我也到乐游原去玩了一个上午。这里现在已经没有什么游客了，冷冷清清的，但依然保留为一个公园的格局，并建有一座日本入唐僧人空海的纪念碑。考古学家曾在此挖掘唐代青龙寺的遗址。

李商隐〞夕阳无限好，只是近黄昏〞的乐游原遗址。

大明宫遗址

我在一个秋天的黄昏，自己骑自行车去寻访大明宫的遗址。

从高宗朝开始，大明宫便是唐代皇帝朝会听政的所在。中国历史上唯一的女皇武则天，也曾经在这里生活过，更把它的宫名改为蓬莱宫。中国考古学家曾经对这片遗址进行勘测和试掘，发现它的周长约 7.6 千米，有城门 11 座，可以想见当年范围之大，规模之宏伟。可惜，它早在唐末的乱世中，在乾宁三年（896）就被大火焚毁了。我去的那年（1989），只剩下几个大大小小的土堆，散布在一大片农田当中。（2010 年改建为大明宫国家遗址公园）

从我住的解放饭店骑车到大明宫遗址，几乎全是农田小路，路程约 3 千米。我最先见到的是三清殿，只剩一个小土丘了，

唐大明宫的一个宫殿遗址，在夕阳的余晖中。

大明宫三清殿，1989 年只剩下一个土堆，立在玉米田中。

唐大明宫遗址，在 1989 年夏还是一大片农田，如今成了大明宫国家遗址公园。

四周是玉米田。再往前走，便是麟德殿遗址，那里有个遗址管理所。当年，麟德殿是宴会和接见外国使节的场所。现在只剩下一个台基，野草丛生。我在夕阳时分到达，只有我一个游人，更添了一种凄清的感觉。

唐诗中咏大明宫最有名的，可能要数贾至的《早朝大明宫》以及岑参、王维和杜甫的三首奉和诗。当年，这几个大诗人都曾经在这宫中做事。正像贾至所说的，他们在“禁城春色晓苍苍”中“侍君王”。然而，盛唐的这一切如今都已经烟消云散了。不单皇帝和诗人早已身故，化为尘土，连华美的宫殿也被大火焚毁，只留下诗人们那年春天互相唱和的这几首诗。

安史之乱后，杜甫得了一个叫左拾遗的小官，就在大明宫里做事。他留下好几首细写他宫廷生活的诗作，不过写得不算太好。比如，在腊日这一天，皇帝随往例召见近臣，赐食并赠“口脂面药”（**唐代的一种防冻膏**）。杜甫便在《腊日》这首诗里写道：“腊日常年暖尚遥，今年腊日冻全消”，而且还说“口脂面药随恩泽”，一副感激皇恩不尽的样子。在《紫宸殿退朝口号》里，他也有“天颜有喜近臣知”这样的诗句。

写大明宫生活的诗，我最欣赏的，还是李德裕那首《长安秋夜》：

内官传诏问戎机，载笔金銮夜始归。
万户千门皆寂寂，月中清露点朝衣。

或许，李德裕位居宰相，官位比杜甫的高，他不必摆出那种随时感恩的姿态，而可以用比较平实的调子，写写他在金銮殿中，替武宗皇帝指挥几场战争、忙碌到深夜才能回家的光景。李德裕那时住在安邑坊，在大明宫皇城以南五六千米。他应当是骑马回家的。途中他见到“万户千门皆寂寂”（**有人说这“万户千门”是形容宫殿的房舍门户**），而月中的清露则沾湿了他的朝衣，让人感觉到他是一个寂寞又纤敏的高官，很有诗人气质。

那年秋天夕暮下，我骑车离开大明宫遗址时，心中想到的，正是李德裕的这首《长安秋夜》。

翠华山和终南山

唐诗中常常可以见到终南山，如李白的《下终南山过斛斯山人宿置酒》。更有名是可能要算王维的《终南山》："欲投人处宿，隔水问樵夫"，以及《终南别业》："中岁颇好道，晚家南山陲。"一般的注解都说终南山在西安市南郊，好像站在西安市区，往南一看，就可以见到似的。

我是在一个初秋的早晨，特地包租了一辆小车前去的。爬上翠华山，才能见到终南山的真貌。

在清晨的阳光下，通往终南山的乡间小路。

在西安地图出版社出版的《陕西省地图册·长安县》那一页上，有一座终南山，标高2604米，是秦岭山脉中最高的几个主要山峰之一。这座主峰其实是没有公路可通的。我们的小车最远只能开到翠华山脚下的太乙村和木头岭。然后，我就得下车，沿着一条登山小径往山上爬。爬了大约一个多小时，来到一个高山小湖，才能见到这终南山主峰，它在远远的云深处。山上的人告诉我说："那才是真正的终南山。你继续往前爬，就可以看到了。"

我在翠华山顶上遥望了这座"真正"的终南山，回来不免开始怀疑，唐诗中所说的终南山，恐怕未必是指这一座主峰吧？要不然，王维和李白等大诗人，经常要爬到这两千多米的山上

终南山脚下，晨曦下的农田和农舍。

去，岂不太累？唐人也好像还没有现代地图绘制人那么精确。我的印象是，唐诗中的终南山，指的是整个秦岭，也就是杜甫所说的“秦山”。现代学者一般也是这么理解的。比如，陈铁民的《王维集校注》，在注释王维的《终南山》一诗时便说：“古终南非仅指今陕西西安长安区南的终南山主峰，亦用为秦岭诸山的总称。”这深得我心。

这样看来，唐诗中的终南山，只不过泛指长安城南的那一系列高山罢了。在唐人眼中，现代地图上的翠华山和万华山等等，恐怕都算是他们的“终南山”。我为了一睹“终南山主峰”而去攀爬翠华山，倒显得有点“多事”了。

然而，爬了翠华山，见到现代地图上的终南山主峰，我对

翠华山顶上的一个高山湖泊和远方的终南山主峰。

王维和李白当年上山下山，对王维的“行到水穷处，坐看云起时”，也就有了新的体会。或许李白、王维和我都曾经走过同一条山路，见过同样的山景。

兴教寺

我从翠华山回返西安途中，顺路到少陵原去探访兴教寺。那是我见过的最寂静的、最有宗教气氛的西安寺院。这里埋葬着玄奘法师和他两个弟子窥基和圆测的遗骨。这少陵原是杜甫在长安时期曾经居住过的地区。他在《哀江头》一开始，不就自称为“少陵野老”吗？我猜想，杜甫当年应当到过他邻里的这座兴教寺，可惜没有留下任何诗作。

兴教寺离西安 20 多千米，交通不便，一般的游客都不来，显得格外寂静。我进了寺门，经过一个侧院小房，门半掩着。从小缝中见到里头有一个年轻的小和尚，坐在那里读书。小房中光线微弱，但他却那么专心地读着一本书，不以为意，也浑然不觉我在门外走过。我想象中“皓首穷经”的境界，应当是这个样子。正殿后面有一片农田，种了些蔬菜，很有田园风味，给人一种自食其力的感觉。

兴教寺初建于唐高宗总章二年（669），但历经几次火难，如今所见到的寺院建筑都是后来重建的，据说只有玄奘和他两个

玄奘墓塔的塔顶，长着丛丛的
绿草，很有古意。

玄奘弟子窥基墓塔。

徒弟的墓塔还是唐代遗物。玄奘舍利墓塔高五级，是中国现存最古的砖石仿木结构楼阁式砖塔，也是全国重点文物保护单位。

他那两个徒弟的墓塔在左右两边，各高三级。三人的塔顶上都长着一丛丛青草，在阳光下显得特别温馨，很有悠悠古意。

第三章

唐代帝陵

远方所见的九嵕山。唐太宗的昭陵，便建在那峰顶上。

九嵕山的主峰。唐太宗便长眠在那山峰内。

唐朝立国289年（从公元618年到907年），共有皇帝21位。除了最后两个皇帝昭宗和哀帝葬在外地，其余19位皇帝，都葬在今西安渭河以北的一个个山头上。但女皇武则天死后，和她的丈夫高宗合葬一墓，所以实际上陕西省内只有18座唐陵。这当中，又有三座是全国重点文物保护单位：昭陵、乾陵和桥陵。

太宗的昭陵

和高宗及武则天的合葬墓乾陵相比，唐太宗的昭陵显得清静许多。它位于礼泉县东北，离西安约70千米，其实比乾陵更接近西安市区，但奇怪却没有什么游客。然而，在唐代诗人心目中，昭陵的地位是远远超越乾陵的。杜甫没有留下任何咏乾陵的诗，但他却曾经两次谒昭陵，写了两首诗：《行

唐代经学大师孔颖达的墓碑。

次昭陵》和《重经昭陵》。当然，这也可能是因为杜甫到羌村、奉先（即今蒲城）一带得路经昭陵吧。在一个初秋的早晨，我也步杜甫的后尘，前来谒昭陵了。

昭陵博物馆边的李勣墓和碑。墓后有三座小山。

李勣碑的碑头，刻的是螭首。

车子最先来到昭陵博物馆。馆内收藏着昭陵地区出土的好些珍贵文物。其中最吸引我的是一个巨型的唐代鸱尾，以及李靖、房玄龄、阿史那忠等人的墓碑。我站在他们的墓碑面前，用手掌轻轻摸了摸他们的碑身，觉得自己仿佛在跟这些从前在新旧《唐书》和《资治通鉴》中见过的历史人物逐一握手似的。更让我惊喜的是，馆内还有一通孔颖达的墓碑。他是太宗朝学问最渊博的学者，注释过五经，有《毛诗正义》《左传正义》等书，在今天还是中文系和历史系师生常读的著作。我觉得自己真有福气，隔了1000多年，还能够如此“亲近”一位经学大师的墓碑。

昭陵博物馆旁有一通巨型的李勣碑。他是唐初著名的武将，曾帮助高祖李渊和太宗李世民打下了李唐的天下，后来更平定了东突厥和薛延佗。在高宗朝，他又东讨高丽，战绩辉煌。他在公元 669 年去世，享年 79 岁，陪葬昭陵。据新旧《唐书》说，在下葬那天，高宗亲自来到汉代的未央古城，登上阁楼，望着他的灵车远去，失声痛哭，很感人。

昭陵有一百多座陪葬墓。大部分陪葬墓的墓碑都已仆倒，深埋在地下，或被迁移到昭陵博物馆去，如李靖碑和孔颖达碑。有的甚至被后代的农民拿去当建筑材料使用。想不到隔了 1300 多年，这通李勣碑还立在原处，很难得。虽然碑上唐高宗亲笔写的字迹已经风化磨损，碑头却仍旧相当完好，刻的是螭首，依然那么精美细致。他墓冢后依然有三座隆起的小丘，正像史书上说的，“像阴山、铁山及乌德鞬山，以旌破突厥、薛延佗之功”。

从唐太宗开始，唐陵绝大部分都是“依山为陵”的。所谓依山为陵，便是先选择一座高山，然后就在那高山的峰顶上，从旁凿出墓道和墓室，就如在峰顶开凿一条火车隧道那样。这跟秦始皇陵和汉武帝的茂陵以“堆土为陵”（以大量泥土堆成小丘陵）的方式建筑，很不相同。北京明代万历皇帝的定陵，则是在山脚下挖掘墓道和墓室，深入地下，称为“地宫”，也跟唐陵有别。

唐太宗的墓室，建筑在礼泉县东北约23千米的九嵕山峰上。根据现代学者的勘测，这山峰高达1188米。当年没有炸药，又要把那么多的开陵工人运到这么高的峰顶之上，一切全靠人力来开凿陵墓，可以想见这工程之浩大和艰难。难怪，据《唐会要》说，当年他们还在这九嵕山架起绕山的栈道，显然为了方便工人上下山，也便于把唐太宗的灵柩抬到那么高的峰顶上去安葬。

太宗下葬后，守陵使阎立德建议把栈道拆除，使陵寝“固如山岳”，防止陵墓被盗。太宗的孝子高宗李治，当年还为了拆栈道的事哭哭啼啼，“呜咽不许”，因为拆了栈道之后，就连他这个孝子也不能上到峰顶去拜祭他的父亲了。然而，最后恐怕为了防盗，高宗还是勉强同意把这栈道给拆了。

公元757年，杜甫曾经两次路过昭陵。那时，栈道早就拆了，而且那时昭陵应当还是守卫森严的，杜甫应当没有像我那样，爬到九嵕山峰顶上去。所以他写的《重经昭陵》，是从山下往上看到的情景：

陵寝盘空曲，熊罴守翠微。
再窥松柏路，还见五云飞。

我比杜甫好奇，我不满足于在山下望昭陵。所以我索性乘车上到半山，无路可去时，再从那里爬了一个多小时，爬到

唐高宗和武则天合葬的乾陵。

1000 多米的九嵕山峰顶上去。最后，我终于见到了那个埋葬着太宗皇帝的主峰，也更能体会当年下葬时，他们抬着太宗的灵柩，慢慢爬上这高峰，那场面之浩大、之悲壮。但如今，这里只剩下一片寂静了。我只听到从南面泔河吹来的风声。

高宗武则天乾陵

一般游客到西安去，通常只游览武则天和高宗合葬的乾陵。此陵位于乾县，在西安西北约 80 千米。或许是因为武则天的名气大，它是游客最多的一座唐陵，到了周末假日，更是热闹非常。但我觉得它缺乏陵墓应有的静穆。看来，武则天和高宗死后都没有得到清静。

乾陵有一座巨大的石碑，最初没有刻上任何文字，今天大家都把它称为“无字碑”。导游一般会告诉游客，此碑没有刻字，

乾陵的外族君长雕像，所有头部都被后人砍掉了。

乾陵的无字碑。

是因为武则天认为自己功业伟大，不想自己给自己下定论，而要后人来给她作评价，所以碑上无字，好让后人去刻字。然而，有一位研究唐陵的学者孙迟说，这恐怕只是今人的胡乱推测，因为下一个皇帝中宗李显的定陵，也有这样一通巨大的无字碑，但中宗并没有什么大功业。孙迟认为这无字大碑“只能看作旌饰陵墓之物”，今人“不要故弄玄虚为好”。

乾陵献殿前，还遗下 61 尊外族番将和君长的雕像，背部原都刻有名字，有些今天还依稀可辨，有些则已模糊了。他们当中，包括中亚于阗、吐火罗和东北朝鲜等国的酋长或国王像。这些外族雕像很能反映唐代前期中外关系的密切，以及唐室对番将的依赖。可惜，所有雕像的头部整个都被后人砍掉，成了无头的了。

睿宗的桥陵

唐代“依山为陵”的制度，是唐太宗最先谕令采用的，但他恐怕没有料到，他只是唐代第二个皇帝，而在他之后，李唐还出了另 19 个皇帝之多。我想，这使得他的后人需要面对一些现实问题。想想看，每一个死去的皇帝，都要找一个山头来安葬，长安附近哪有那么多的山头可用呢？结果，唐代的皇帝只好越葬越远了。

实际上，长安位于关中平原，四周是一块很平坦的土地，没有什么高山。要找高山，那就只好往北走远一些了。所以，唐太宗的昭陵，便远在长安以北约 70 千米之外；高宗和武则天的乾陵，更远在约 80 千米之外。现代交通便利，七八十千米路或许不当一回事。但在唐代，旅行速度是缓慢的。

按照《唐律疏议》所引用的一条唐令规定，当时的速度是：“马，日七十里（35 千米）；驴及步人，五十里（25 千米）；车，三十里（15 千米）。”唐太宗下葬时，送葬行列必很浩大，或由几头马拉着灵车前进，行动看来快也快不了，每天前行应大约在 15 千米左右。这样要把唐太宗送到 70 千米外的九嵕山上去安葬，那就恐怕需要在路上走上四五天左右了。

难怪，秦始皇和汉代的许多皇帝，都是选择在长安附近就地埋葬的，不去找什么山头。如秦始皇陵，位于临潼，离长安只有30千米，堆土为陵。汉武帝的茂陵，位于今兴平县，离长安约36千米，也是仅堆土为陵。或许，这也反映了唐代的物质条件比秦汉的好，有本事把皇帝送到那么远的高山上埋葬。汉代只有文帝的霸陵是依山为陵的，可说是个例外。它位于长安城东35千米的霸水附近[1]，只是普通的小丘，没有九嵕山那么壮观。

唐代第五个皇帝睿宗李旦的桥陵，更建在蒲城县的丰山，

1. 根据2021年12月的最新考古研究成果，霸陵真正位置位于以往认为的凤凰嘴以南约2千米的江村大墓。

唐睿宗的桥陵，很有帝王气派。

桥陵神道上精美的石雕。

桥陵的鸵鸟浮雕，很有中亚风味。

远离长安约150千米。李旦在唐史上没有什么伟大的功业，但他却“三为天子，三以天下让”，曾经先后当了三次皇帝，又让了三次皇位。最后一次就是让位给他自己的儿子李隆基——唐史上有名的唐明皇玄宗。

今天，桥陵离西安那么远，游人都不来了。但在1000多年前，公元754年的秋冬之际，杜甫倒是来过这儿。当时，长安物价高涨，他待不下去了，便把家人带到奉先去投靠奉先县令杨某，杜甫夫人杨氏的一个宗亲。杜甫还写了一首长诗《桥陵诗三十韵因呈县内诸官》，不但写桥陵的华美，也借这首诗感谢“县内诸官”照顾他这只无依可怜的“秋萤”。

那年夏天的一个下午，我也随杜甫之后，来到了桥陵，站在长长的神道上遥望那山上睿宗皇帝的陵墓，遥想当年，杜甫或许也曾站在这同一条神道上，构思他的那首《桥陵诗》。这陵园果然很有王者气派。神道两边的石人像和各种浮雕都刻得很精美，是唐代石雕艺术中的精品。我特别欣赏那头很有中亚风味的鸵鸟。

玄宗的泰陵

玄宗李隆基是在公元716那年的十月，把他父亲睿宗李旦葬在桥陵的。但奇怪的是，根据新旧《唐书》的记载，他一直到公元729年的十一月，也就是隔了整整13年之后，才第一次前来拜谒他父亲的陵墓。

玄宗那次谒桥陵，是他父亲下葬后他第一次去祭拜，也是他的最后一次祭拜。从此以后，史书上再也没有任何关于他谒陵的记录。史书上没有解释为什么。历来好像也没有学者注意到这一问题。我自己读史的“心得”是，恐怕这正是“依山为陵”造成的，葬得太远了，路途不便吧。

新旧《唐书》对玄宗那唯一的一次谒陵记载得很详细，连日期都精确极了：在开元十七年（729）十一月庚申那一天，他“亲飨九庙”。辛卯（初五），“发京师”。丙申（初十），“谒桥陵。上望陵涕泣，左右并哀感。”从这些日期推算，他们在辛卯离开京师，丙申才“谒桥陵”，路上走了六天才抵达，每天只走了大约15到20千米，很符合《唐律疏议》的记载，也可见路途的遥远。

玄宗谒了桥陵后，也顺道谒了睿宗之前的另四个唐陵。“戊戌（十二日），谒定陵（唐中宗陵，在今陕西富平县北10千米凤凰山）。己亥（十三日），谒献陵（唐高祖陵，在今陕西三原县北20千米荆原）。壬寅（十六日），谒昭陵。乙巳（十九日），谒乾陵。戊申（二十二日），车驾还宫。大赦天下。”玄宗一行人前后在路上走了十六天。

玄宗这次除了亲自拜谒五位先帝的陵墓，也为自己选好了未来的陵址。原来，在谒桥陵之后，他见到邻近的“金粟山岗有龙盘凤翥之势，复近先茔，谓侍臣曰：‘吾千秋后宜葬此地，得奉先陵，不忘孝敬矣。’”

于是，在公元762年阴历四月玄宗驾崩后，唐室便“追奉先旨以创寝园，以广德元年（763）三月辛酉葬于泰陵”。从这看来，玄宗的陵墓好像只营建不到一年就完工了。或许这可以解释，何以这位开创开元盛世的玄宗皇帝，他的陵园却简陋得很，远远比不上他父亲的桥陵，也比不上篡他帝位的儿子肃宗李亨的建陵那样华美。

或许可以说，玄宗死的时间不对。公元762年，正是唐室面临各种忧患的年代。当时，京师虽已收复，但安史之乱还在其他地方持续着。玄宗去世后不过13天，他的儿子肃宗也在762年的阴历四月逝世了。继位的代宗李豫要同时准备两个皇帝（他的父亲和祖父）的葬礼，恐怕也真不容易。肃宗的建陵修得比玄宗的泰陵考究，或可反映代宗比较亲近他爸爸，多过亲他爷爷吧。

我是先到桥陵，再到泰陵的。这两座唐陵都在今蒲城县，但一个在东，一个在西，隔了几乎20千米的路。我乘坐了一辆现代的拖拉机，从桥陵出发，走了几乎两个小时才来到泰陵。当年，玄宗拜谒了桥陵后，应当也是沿着我走过的那条农田小路，一路去寻访他的陵址的吧。

唐玄宗的泰陵，一片凄清。

玄宗唐明皇生前“后宫佳丽三千人，三千宠爱在一身”，但在他死后，他却没能跟他那“宠爱一身”的杨贵妃葬在一起。跟他合葬的，是比他早去世 30 多年的元献皇后杨氏。杨贵妃早在马嵬驿被杀，就地埋葬。但为什么杨贵妃不能像元献皇后杨氏那样，改葬在泰陵？这倒是史家没有提起、看来也难以回答的一个问题。

玄宗的陵园区也没有其他将相功臣的陪葬墓，有的只是一个忠心耿耿的老宦官高力士的墓，给人一种无限寂清的感觉。高力士那通高大的神道碑，很早就断为两截了。下半截长期失踪，一直到 1971 年，才在蒲城县一个生产队的喂养室被人发现，或许曾经被农人拿来作养猪用途吧。

第四章

入西域记

兰州—敦煌

我是乘火车从西安经兰州到酒泉，再从酒泉坐巴士到敦煌的。

在兰州，我第一次见到黄河，它就在市里兰州铁桥下。那黄浊的河水缓缓向东流去。

从兰州开始，火车行走在河西走廊上，窗外的风景尽是戈壁滩，很少见到树木，有一种苍凉的美。杜甫离长安西行，最远只到过秦州（今甘肃天水），他不能做我的西域“向导”了。我的“向导”得换成那些曾经到过西域的唐代大诗人，如骆宾王和岑参。

在唐代大诗人当中，岑参是走得最远的一个。他是唯一途经天山、到过轮台（今新疆乌鲁木齐以北米东区）和北庭（今新疆吉木萨尔县北）的诗人。相比之下，骆宾王的行踪就不是那么确定了。有学者说他曾到过新疆的龟兹（今库车），但据我看可能还有些疑问。至于唐代另一个著名的边塞诗人高适，他最远只到过河西凉州（今武威）和临洮一带，还没离开今天甘肃省南部的范围，走得不算远。诗人王维最远也只到过凉州，

兰州铁桥上所见的黄河。

敦煌石窟沉浴在清晨的阳光中。

他的名句“大漠孤烟直，长河落日圆”，便是出使凉州时写的。

然而，骆宾王、高适和王维等人都没有去过敦煌。据我的考察，唐代的大诗人当中，也只有岑参一个人到过敦煌。

其实，今天无论是从兰新公路，或从兰新铁路，都无法直达敦煌。从地图上看，它位居甘肃省的北部，一副被人冷落的样子。火车最远只到柳园，然后乘客就得下车，再转巴士才能到。于是我索性从酒泉坐大巴前往。

敦煌石窟是中国四大石窟之一，和天水的麦积山石窟、大同的云冈石窟以及洛阳的龙门石窟齐名。它开凿在县城外25千米的鸣沙山一面崖壁上。但我觉得敦煌的“卖点”，在它石窟里的那些壁画。它的石雕和塑像不多，也远不如云冈和龙门的壮观。当然，我们念文史的人，如今所能读到的敦煌变文和好些经卷古文书，便是20世纪初年在其中一个敦煌石窟里发现的。

我到的那天早晨，阳光正透过一大片树林叶子，散落在这古老的石窟外墙上，使这个1000多年的古迹恍若年轻起来了。

在敦煌县城外不远，有好些巨型的沙丘。我这次入西域，走进唐史上所说的这个“大碛”，就只在敦煌见过这样的沙丘，其他地方见不到了。我骑了一辆自行车去沙丘下玩了一个下午。大风把沙丘吹成了柔雅的曲线。有人爬到山丘顶上。远远看去，整丘的沙好像个大海，和蓝天连成一线。李益的名诗，“回乐

柏孜克里克千佛洞。

吐鲁番的火焰山。

峰前沙似雪，受降城外月如霜”，那“沙似雪”的场景应当像我在敦煌所见的吧？

吐鲁番—乌鲁木齐

今天，吐鲁番的绝大部分居民是维吾尔族，信奉伊斯兰教。城东南郊的那座苏公塔是最有维吾尔特色的古建筑了，建于1779年。塔身上那十多种花纹几何图案，很简洁耐看。

维吾尔族是唐代回纥的后裔。回纥的兵马曾在安史之乱中帮了李唐的一个大忙，协助平定了这场叛乱。然而，杜甫对这件事好像颇有“微词”。他在《诸将五首》第二首中说：“岂谓尽烦回纥马，翻然远救朔方兵？”后来，回纥大量向唐室“倾销”马匹，换取丝缣，把李唐的财库搞得一团糟，连中唐诗人白居易也不禁要写一首诗《阴山道》来感慨：“五十匹缣易一匹，缣去马来无了日。养无所用去非宜，每岁死伤十六七。”

吐鲁番市郊的交河故城遗址。

交河故城中一座神殿的遗址。

但今天在吐鲁番街头很少见到马了。小毛驴和驴车倒有不少。

我是从敦煌乘巴士到柳园，再从柳园坐火车到吐鲁番的。到了这里，才真正感觉到自己好像到了一个异域，一个维吾尔族色彩浓厚的塞外小城。这里的欧美和日本游客也特别多。我乘坐了一辆小驴车去宾馆投宿。

玄奘当年曾到过今吐鲁番市东40余千米的高昌城。如今，城已成废墟，然而城中布局还依稀可辨。吐鲁番市郊还有一个交河故城，那儿有一个像是神殿的遗址，虽然颓败了，却依然很有一种雄伟的气派。

柏孜克里克千佛洞建在一个断崖下，一片泥黄色，给人一种地老天荒的苍凉感。这里的洞窟主要是9世纪以后回纥高昌时期的遗迹。我从这千佛洞回来，途中经过一座大山，传说是《西游记》中所描写的火焰山。有人在山脚下摆放了唐三藏、孙行者和猪八戒的塑像，让游客拍照。我到的时候，正巧有一

从吐鲁番前往乌鲁木齐途中所见的天山雪景。

个维吾尔妇人，驾着她的小驴车，从大山脚下经过。

为了一睹天山的真貌，也为了体验一下诗人岑参怎样历经艰苦，到轮台和北庭的幕府去当官，我决定乘坐一辆破旧的大巴士，从吐鲁番前去乌鲁木齐。一路上，永远的天山就一直挂在车窗外，峰顶还积着皑皑白雪。我在想，或许这就是当年岑参和许许多多远赴北庭的唐代征人所见过的景象吧。岑参在他那首送别诗《白雪歌送武判官归京》中，不就有“轮台东门送君去，去时雪满天山路”吗?

第五章

杜甫的五城

从兰州到呼和浩特

我从兰州乘搭了一列 44 次的特快火车，沿着黄河的流向，走过了盼望许久的杜甫《塞卢子》诗中所提到的那迢迢的五城：丰安城、定远城、西受降城、中受降城以及东受降城。

这五座军城，如今当然早已不存在了，恐怕早已被掩埋在黄河外的沙漠之中。我所能做的，便是沿着这五城的火车路线去走一趟，看看那里 1000 多年后的风景。但我觉得我比杜甫幸运，因为杜甫没有亲眼见过这五城，而我至少还可以来到他诗中提到的这一片土地。

火车离开兰州不久，便可以感觉到黄土高坡的那种悲壮。一般人为了看黄土高坡，而跑到延安或榆林去。其实那一带的黄土地还不是最荒凉或最壮观的。我见过最悲壮的黄土地，就出现在火车离开兰州约半小时的车窗外。所以我想，要看黄土高坡和黄河河套地区荒凉的风景，最好的办法莫如从兰州乘坐这列开往北京的第 44 次火车了。

我还见到一头驴子，站在黄土高坡下的一条马路边上，一动也不动。太阳那么猛烈，四周一片寂静，它站在那里曝晒，

从火车左窗上所见的贺兰山。

仿佛是在接受一种惩罚。它的后面跟着一只狗，算是唯一陪着它的动物了。但那里的山上，却一棵树也没有，光秃秃的，看来好像连一根绿草也没有。

火车运行了大约七个小时后，在下午 3 点，终于来到了中卫。杜诗所说的五城的第一城丰安，就在这附近了。我走到火车站月台上去观望，只见到一片黄沙和防风林，连民居也见不到。这火车站建在黄河外的沙漠上，远离城区，显得格外孤零零的。但如今的中卫城里，恐怕还住着不少唐代戍边军人的后裔吧。

秋天乘火车穿越这一片古老的土地，那种历史感是很强烈

银川火车站，有一种伊斯兰风味。

这列第 44 次火车，载我走过杜甫五城的前半段旅程。

的。过了中卫以后，便是一个叫灵武的小城。当年安禄山叛乱时，玄宗逃到成都，他的儿子李亨不就带着一批兵马，来到这灵武即皇帝位吗？在一个如此偏荒的边塞小镇登上皇位，不知又是一种怎样的光景呢？

傍晚，火车来到了宁夏回族自治区的省会银川，一个回民多、带有浓厚伊斯兰色彩的城市，连它的火车站也是带点伊斯兰建筑风格的。我在这里停留了一晚。第二天一早，又回到火车站，但这回不再乘坐 44 次列车了，而是换了一列从银川始发的 170 次直达快车，继续我的五城之旅。

乘坐火车走过这五城，才能真正体会到杜甫所说的“迢迢”。

昨天我坐了几乎一整天的火车，才走过五城的第一城。今天还有另四城在我前方。第二城定远城就在平罗站附近，离银川大约 60 千米。那又是一个建在沙漠上的小站，所见又是黄沙和防风林。我惯常地走到站台上去张望。

火车在抵达平罗站之前，岳飞《满江红》那首词中所提到的贺兰山，便一直在我左边的车窗上出现。这山远远看去，低低矮矮的，中间隔了一大片平原，有点像地图上见到的远山。我觉得从火车上看这山，角度最好不过了。

过了贺兰山，过了平罗，黄河便准备在临河、五原来个几乎九十度的大转弯，往东奔去。现代的火车铁道也沿着黄河的流向建筑。我坐在火车上，不时可以见到黄河在我的右窗远方，若隐若现地流着。

但过了号称“塞上江南”的银川以后，黄河流经的土地几乎都是干巴巴的、贫瘠的，一点农作物也没有。然而，在历史上，恐怕又不是如此。五原在唐代称为丰州，从地名都可看出它是一个物产丰盛的地方。唐代的屯田大使娄师德，就曾经率领一支兵马，在这里一面屯田，一面戍边。当年他们所生产的粮食，不单足够供应戍边军人的所需，而且还有剩余可以供应其他地方的军需。

五原西北方的内蒙古杭锦后旗乌加河北岸，便是第三城西受降城的所在地。那里如今属于乌兰布和沙漠区了。唐代诗人李益的名诗《夜上受降城闻笛》，写的便是他在这座军城上的所见所闻。诗一开头的第一句，“回乐峰前沙似雪”，展现的就是一个大沙漠的场面：黄沙好像白雪一样铺天盖地而来。可惜一般人读这首诗，只注意它的后半部——“不知何处吹芦管，一夜征人尽望乡”——多半只听到笛声，没有见到诗中的沙漠。

银川以后，贫瘠干涸的土地。

临河、五原一带的沙漠景观。

那天早上11时03分，火车离开银川，在路上行走了几乎整整九个小时才抵达包头，天已经黑了。但在天黑之前，我还见到了火车左窗上的阴山山脉，沉浸在橘红色的夕阳下。汉代的匈奴和唐代的突厥骑兵，都曾经越过这阴山来骚扰汉唐的北方边界。

包头市西北便是杜诗第四城中受降城的所在地。当年李唐筑起了这东、西、中三个受降城，目的也正是为了防止突厥兵马南下。最东的受降城，位于今内蒙古托克托以南、黄河的北岸，在我的终点站呼和浩特的南边。火车抵达呼和浩特时，正好是午夜11点多。这一天，我坐了整整12个小时的火车才跑完那余下的四城，可见杜甫的五城有多迢迢啊。

其实，我并没有真正去寻访这五城的遗址。我只是沿着这五城的路线走了一趟。我当初旅行的目的也并不在那些遗址，而是想感受这五城到底有多“遥远”。结果，我花了两天，坐了整整21个小时的火车，才走完这条长约1200千米的铁路，确是一段“迢迢隔河水”的旅程。回来以后，我想起李益等唐代诗人在这五城戍边，觉得我和他们的心灵更贴近了。或许有一天，我真的会去寻访这五城的遗址吧。

内蒙古

到了呼和浩特，我的目的已经达到，不免随俗到内蒙古草原上去玩了几天。我去的时候是 9 月中，已经秋天了，草原上没有什么游人，难得的清静。后来我听一个朋友说，他是在夏天旅游旺季去的，内蒙古草原上挤满了人，天气又酷热，真受不了。

我是穿越大青山，经武川到希拉穆仁大草原去的。大青山的山低低矮矮的，很像一个个大包子，铺在山坡上。武川是北朝隋唐史上很有名的一个地方，不少将领曾经在这里待过，如今则一片沉寂。我在它的大街上停留了一会儿，在一个慈祥老妇人的水果摊上买了水果，依然可以感觉到这里厚重的历史感，空气中仿佛还飘浮着“战马的嘶叫和喘息”。

到了草原，我一个人分到一整个蒙古帐包。草原上除了去看看牧民家，看看牛羊，几乎没有什么事可做。经过前两天漫长的五城之旅，我在草原上的那两天便显得格外悠闲、格外逍遥了，有一种静修的意味。

秋天的草原有一种悠远、清淡、宁静的韵味。绿草开始枯黄，

大青山低低矮矮的，像一个个大包子。

等待严冬的到来。我睡了一个异常松懒的午觉起来，黄昏时分，坐在帐包前喝着宁城老窖，见到一头母牛带领着一群小牛，从我的帐前一字儿排队走过回家去，好可爱。再过不久，落日把整个草原上的天空染成橘红色了。

内蒙古希拉穆仁大草原上的绵羊。

落日把整个草原的天空染成橘红色。

第六章

北朝隋唐余光

大同云冈石窟

在中国旅行，常觉得中国地面上的古建筑、古文物太少了。比如西安，号称十三朝古都，地下的帝皇陵墓倒有一些，但地面上竟没有一座周、秦或汉的大型建筑物或古物留下来。唐代的建筑也只有大雁塔、小雁塔以及兴教寺里玄奘墓塔等寥寥几个，连唐代的城墙也没有传世。今天的西安城墙还是明代的。

这或许跟中国传统上多用木材来作建筑材料有关。木构建筑容易腐朽，也容易被历代的兵灾和火难摧毁。中国现存最古老的两座木构建筑，都位于五台山，一是南禅寺大殿，建于唐建中三年，即公元 782 年。其次是规模比较大的佛光寺，建于

大佛前细小的现代游客。

云冈第 9 和第 10 窟。

云冈第 18 窟。

唐大中十一年，即公元 857 年。或许正因为它们坐落在深山里，才逃过了人为的破坏吧。

这样看来，大同的云冈石窟就显得特别珍贵了。提到埃及，我们会想到金字塔和狮身人面像，那都是公元前的作品。提到希腊，我们会想到阿波罗神殿，那也是公元前的作品。提到中国，我们可以想到哪些代表性的远古建构呢？或许大家会想起万里长城，但如今我们在北京地区所见到的长城，只能算是明代的，“年轻”得很，还不足 700 年，怎么能跟埃及和希腊那些公元前的古文物相比呢？

我想来想去，觉得只有大同云冈石窟其中几座石雕的大佛，比如第 20 窟的这座高约 14 米的主佛，或许勉强可以和埃及、希腊那些庞大古文物相比，虽然这座大佛已经是公元 5 世纪时北魏的作品了，但更早的有那么雄大气派的古文物，中国恐怕就没有了。我特地拍了一张众游人在这大佛前摄影留念的照片，以突显人们在大佛前的细小。

云冈第 9、第 10 窟，以及第 18 窟，也都雕刻得很精致，很有看头。

大同是北魏迁都洛阳之前的都城，当时叫平城。除了市郊的云冈石窟，如今它的市区却无法让人感觉到北魏的气息。倒是大同产煤，我在市里的一个卫生院前，见到一头骡子拉来了一车的煤，就在卫生院的正门前卸下。

北京

我在我那本《杜甫的五城》中说："读唐史的人上京，最先想到的，恐怕都不是故宫、颐和园这些属于明清的遗物，而是白居易的《长恨歌》，还有那位乱唐的'轧荦山'安禄山。毕竟，当年的安禄山之乱，就在今天的北京附近爆发开来。《长恨歌》中不就有'渔阳鼙鼓动地来，惊破霓裳羽衣曲'这一句吗？这渔阳，指的便是今天的北京地区。"

的确，北京给我的联想，总跟中国北方少数民族政权有关。安禄山便是个胡人。北京就是在辽、金、元三个统治王朝基础上建立的。难怪，我很惊喜地发现，在今天的颐和园里，竟还有一座耶律楚材的雕像。他是辽皇族，进了元朝任大宰相30余年，对元代的典章制度有许多贡献。

倒是无意间发现，北京西山还保存了曹雪芹的故居，是一座木构的建筑，正面对着西山。这里秋天叶子红了，风景一定很美，不禁有些羡慕雪芹有这么一个优雅的写作环境。古代的文人虽说“潦倒”，却常常还有奴仆服侍着，住的环境也很宽敞。单这两点，比起许多现代作家，恐怕还要幸福。

来了北京，不免随俗到长城、天坛和圆明园去玩。在西安人和洛阳人看来，北京其实算是一个很“新”的都城，但它在明清两代有不少建设，如颐和园、故宫、天坛、雍和宫和恭王府等保存至今，所以整个看起来，反而比西安和洛阳更古老，正因为在西安和洛阳，连明清的建筑都难得一见。

北京颐和园里，竟还有一座元代耶律楚材的雕像。

太原—运城

为了穿越太行山，看看那个历史上兵家必争的井陉如何险峻，我特地从北京乘坐了389次火车到太原。“陉”就是山脉中断的地方。果然，火车经常是在高高的桥墩上，穿过一个一个的隧道，越过太行山的。

太原是唐代的北都。唐高祖李渊当年便是从这里起兵，建立唐朝的。太原虽然邻近太行山，可我却惊讶地发现，它的地势是那么的平坦，不像重庆那种山城，倒很像西安这种平原城市。后来，有一回我碰见长年住在山西的小说家李锐。他告诉我，太原就坐落在一个平原上。这倒是许多读唐史的人所不知道的。

从太原到运城，我乘坐了一列583次的火车。这是一列慢车，每站必停。天几乎一直都在下着细雨。我培养了一种“中年听雨”的心情，坐了整整11个小时的火车，才跑完那仅仅412千米的旅程。这列火车很古老，连座椅和窗台都是木造的，很像一列古董火车。

这列火车曾经路过平遥，一个保存了明代城墙和民居的小镇，可惜我却错过了，没有下车去玩几天。或许我一直在想念

运城盐池上的堤岸和远方的中条山。

运城盐池上一方一方的盐田，像水田。

着山西运城的那个盐池吧。

我十多年前在研究所读《资治通鉴》时，就见过这盐池的大名了。中晚唐以后，它一直是两个敌对的节度使（**其实就是地方军阀**）争夺的目标。史书上记载了不少关于这盐池的争战事，李唐皇室也拿他们没有办法。

当年在国外，真不明白一个“小小的盐池”，有什么好争的呢？等我下了火车，第二天一早来到这盐池边一看，才知道这盐池简直就如一个大海啊。一个曾经在这盐池工作了十多年的开车师傅告诉我，这盐池的宽度只有 2 千米，可是却长达 80 千米，可以想见它面积之大。山西地图上也可见到这盐池，称为解池。解是指这里的旧称解县。

没想到从唐代到今天，这盐池还在产盐，而且如今还是中国北方一个很重要的产盐地。在清晨的微光中，我见到盐池中央的一条长堤和远方的中条山。运盐的大卡车就从这堤上开过去。盐池分隔成一方一方的盐田，像水田。

平陆—洛阳

我选择了一条现代人很少走的路线到洛阳去。我是从山西运城，乘坐了一辆巴士到洛阳的。途中最精彩的一段是，巴士来到山西的平陆县，得在一个叫茅津的渡口上，乘渡轮渡过黄河。

山西平陆县黄河茅津渡口。对岸便是河南三门峡市。

来到这茅津渡口，才能真正体会到《诗经·河广》这首诗的味道。单看诗题，就可以知道这首诗要讲的是黄河广不广、宽不宽的问题。诗人说，黄河其实是不“广”的：“谁谓河广？一苇杭之”（谁说黄河宽广？一片苇叶就能渡过了）。接着，他又问：“谁谓宋远？”（谁说宋国遥远？），又自答：“跂予望之。”（我踮起脚尖就看得见了）。真把黄河的宽广说得十分形象具体，好不潇洒。

我来到这渡口一看，发现《诗经》的作者一点也没骗人。这一带的黄河真的是那么瘦削，活像什么人家后院的大水沟罢了，一点也不“广”。但我们还是乘坐了一艘庞大的机动渡轮渡过去。不过，在渡河之前，我站在山西省的平陆县这边，不必踮起脚尖，就可以清清楚楚见到南岸的“宋国”，即今天的河南省三门峡市。我还拍了一张照片，有图为证。

洛阳曾经是北魏南迁以后的都城，建有1000多所佛寺。可惜，这些佛寺在北齐接管洛阳时，在公元543那年，被北齐首领下令放火烧毁了。我们今天只能从杨衒之写的那本《洛阳伽蓝记》中，重温洛阳在北魏那段辉煌的历史了。

1000多所佛寺林立在一个都城，那该是一种怎样的景象呢？必然是十分壮观的。今天的柬埔寨暹粒，仍保存着公元9到13世纪建筑的一大批吴哥神庙，它是目前世界上现存最大的一组宗教建筑群，但寺庙的总数只有大约47所。洛阳的那1000多所寺庙，如果没有被北齐的一把大火烧成灰烬，想必远比今天的吴哥神庙还要宏伟，还要华美吧？

但这些洛阳的寺庙毕竟不复存在了。公元547年以后，杨衒之开始动笔写他那本书时，这些华美的寺庙就已经被北齐的大火烧成灰烬多年了，连灰烬和残垣恐怕都早已化为了尘土。所以，《洛阳伽蓝记》一直给我一种华美、清丽，但又十分悲伤的感觉。

今天的洛阳市区，看起来好像一个新兴的城市。只有离开市区，到伊水河边上的龙门石窟，才可以看到一点北朝隋唐的余光。龙门最大的石雕是位于奉先寺的那座主像卢舍那佛像，高17.14米，刻得很精巧，但看起来却没有大同的那座大佛雄伟。

奉天寺的天王和力士。

龙门奉天寺的主像卢舍那佛像。

嵩山少林寺历代的和尚墓塔。

洛阳是武则天女皇喜欢的一个城市。我原先和其他史家一样，一直以为那是出于经济原因。最近偶然翻阅新旧《唐书》的后妃传，才知道原来武则天当年被册封为皇后不久，就把高宗的第一任皇后王氏和另一个妃子萧氏的手足砍去，把她们整个人“投入酒瓮中”，就这样让她们死去。后来，武则天经常在梦中见到王、萧两人“披发沥血，如死时状”。《旧唐书》说：“武氏恶之，祷以巫祝，又移居蓬莱宫，复见，故多在东都（洛阳）。”

难怪，她后来便长期住在洛阳，很少回长安。当年诗人陈子昂向她献策，就在洛阳。这奉先寺便是由她献出的二万贯脂粉钱建成的。杜甫的诞生地也在洛阳附近的巩县（今河南省巩义市）。现传世的杜甫全集，第一首诗便是《游龙门奉先寺》。诗一开头就说：“已从招提游，更宿招提境”，似乎很庆幸自己有机会游此招提（即寺庙），晚上又可以宿在那里。

我到洛阳不远的中岳嵩山和那里的少林寺去玩了一天，见到一批和尚的墓塔，形制很古。看来，在中国，只有石头雕成或砌成的东西，才不易化为尘土吧。

第七章
南方行

广州

广州可以玩赏的地方有不少。一般游客不免到黄花岗七十二烈士墓、光孝寺和六榕寺等名胜去玩。但我觉得最好玩的地方，是广州动物园。那里有一头顽皮可爱的大熊猫，可惜我没有拍到好照片，只有一张大犀牛的照片比较传神。

此外，像我这样的旅人，大学校园往往也是个很好玩的“旅游点”。像广州最有名的中山大学，就有一个我很想去寻访的地方——已故陈寅恪教授的旧居。

广州中山大学里的陈寅恪旧居，沉浴在金黄的阳光中。

在中国近代史上，和梁启超、胡适等人相比，陈寅恪可能不是每个读书人都知道的名字。但在我的北朝隋唐史研究领域中，陈寅恪却是个响当当的大名。他的两本唐史专著《隋唐制度渊源略论稿》和《唐代政治史述论稿》，初版于20世纪40年代，到今天还没有过时，依然是所有专攻隋唐史的人必读的巨作。他渊博的学识，治史深刻的洞察力，赢得了文史学界最崇高的尊敬。他晚年虽双目失明，双腿残废，却依然有《柳如是别传》等大作问世。他从1950年起就在中山大学历史系任教，一直到1969年去世为止。

1961年7月，陈寅恪写了一封信给他的老友吴宓教授，告诉他怎么从广州火车站坐车到他住的大学房舍去。他说："到广州火车站若在日间，可在火车站（东站即广九站）雇郊区

这是我在中国乘坐的第一列火车，从广州到长沙的第76次列车。

三轮车，直达河南康乐中山大学，可入校门到大钟楼前东南区一号弟家门口下车。”

这封私信后来发表在香港的《明报月刊》1987年4月号上。于是我就凭着陈寅恪的这些指示，去寻访他的旧居。

我也是从广州火车站出发的。但我不是“雇郊区三轮车”，而是坐了一辆巴士。中山大学位于广州市南部，珠江的南岸，即陈所说的“河南”，离火车站很远，恐怕有10千米路，已经没有“郊区三轮车”愿意载客到那里去了。我乘坐的巴士走走停停，一个多小时才到。

我从中大的校门走进去，沿着一条大道直走，不久就见到一所很有气派的大房子，两层楼，沉浴在一片金黄的阳光里。我问了人，没错，这里便是陈的故居。当年他就住在二楼，因为行动不便，上课地点也改在他二楼住家的走廊。没想到，隔了几十年，陈的故居地址居然没变，仍然是“东南区1号”。

陈恐怕永远不会知道，他在1961年一封私人信中所写的提示，竟会被公之于世，而且还在30年后，为一个像我那样的“好事者”提供了宝贵的线索，让我轻易找到了他的故居。有人告诉我，这楼房现住着一个老先生商承祚教授，是一位知名的甲骨文专家。我不敢进去打扰，只在楼外转了一圈，回想陈寅恪晚年如何在这座小楼里，构思他那许多精彩的论文和专书。

广州另一个让我感动的地方是陈氏书院，又称陈家祠。它的建筑和雕塑风格是清代的，比较细腻繁杂。但它的回廊却幽静极了，让人惊喜。何以广州如此繁华的大都市，竟有如此深幽的景致？

长沙—岳阳

长沙是汉代赋家贾谊的故乡。但我从广州乘坐火车到长沙，主要却是为了看看马王堆汉墓的出土现场和湖南博物馆展出的出土文物。汉墓遗址位于市郊一个小山岗上，如今冷冷清清的，没什么人来。

一般人对马王堆的兴趣，在于它出土的文物和帛书，但我在湖南博物馆里，倒对那几个木棺椁更感兴趣。想想看，这是2000年前的木头，埋在地下，竟没有腐朽，实在很难得。这几个木棺椁被人草草摆在某一角，一副备受冷落的样子。

在长沙街头，常可见到有人售卖一种用面粉烘烤的大饼，原本是厚厚大大圆圆的，再分切成小块出售。我也买了一块，边走边吃，很好吃。

从长沙坐火车到岳阳，中途会经过汨罗站。我第一次见到“汨罗”两字写在一个火车站的站牌上，觉得很新鲜，很惊喜，仿佛汨罗不再那么遥遥不可及了。过了汨罗站不久，就是那汨罗江，传说中诗人屈原自沉的地方。火车经过江上的一座桥时，整个江面都可以看得很清楚，水天一色。

杜甫是在晚年才来到岳阳的。他的名句“昔闻洞庭水，今上岳阳楼”，让人有一种时空交错的感觉。如今的岳阳楼，不知是否就是杜甫当年登临过的那一座？据我看应当不是。中国的这些“古迹”，许多都是近年新建的。

我到的那一年，岳阳还是一个很纯朴的小城。我乘坐的公车经过民居时，门前有人在玩牌。有一个老太婆，门牙缺了一只，见到我在公车上拍照，给了我一个慈祥的笑容。那户人家门上那副“鸳鸯比翼”的对联，不知已经贴了多久了。还有一个穿着蓝布衣的老人，坐在巷子里晒太阳，也是那么慈爱纯真地笑着。那简朴可爱的岳阳小火车站，前面的柱子都漆上了一种罕见的泥黄色，“让人感觉到一股小城特殊逍遥的生活情调”。

小小的岳阳火车站，有一种小城特有的逍遥韵味。

桂林

我到桂林的那一年，市里的公车还很简陋。座位是木板钉成的。驾驶员好像都是女的，而且都很年轻，恐怕还不到 25 岁，有点玩“家家酒”的味道。公车都开得很慢，时速只有 20 千米左右，让人觉得很安全。我就乘坐这样的公车去游览桂林市区和市郊的山水。

离开桂林市区，在漓江上乘船漂流，更能感受到那山水之美。那些山像沱江恐龙的巨牙，竖在河边青青的草地上。

桂林市里的公车。女司机好年轻。

漓江岸上的小山，像恐龙的巨牙。

梅县旧居

没想到我故乡的山水还真有几分秀丽。我外祖父建的那三堂屋，房舍真不少，如今可以让好几户人家居住。它的年代久远，有超过一百年的历史，坐落在一座山脚下。山上有几座古墓点缀着。

夏天的水稻收割后，三堂屋门前的那一片稻田，又有人在忙碌着了，而且竟还是用水牛来犁田。古老的灰黑色房舍在一大片绿色的树林里，显得那么有历史沧桑感。

我外祖父建的三堂屋。

那文舫楼是我曾祖父建造的，位于另一个村庄，叫高田墩。门前的那副对联，“高仕勤耕读，田夫戒逸奢”，便用了“高田”两字，也不知是哪一年写的，还有点读书人的味道。大门前左边正好竖着几把枯枝一样的枝条，叫梴（chān），是给丝瓜、苦瓜、黄瓜、长豆角等藤蔓蔬菜搭架用的材料，正好给人一种“田夫”人家的感觉。

我曾祖父盖的文舫楼。

第八章

南诏遗事

昆明

我曾经从高处见到过昆明的两种面貌。最初是在飞机上，看到昆明的农田。第二次是在西山龙门上，见到山脚下的滇池。这池的面积广达297平方千米，简直就是一个大海，但依然叫“池”，可见不可小看“池”。

但昆明最吸引我的，还是市郊云南师范大学校园里的西南联大旧址。八年抗战期间，这里聚集了一批全国最优秀的物理学家，如吴大猷，还有一些名诗人和小说家，如闻一多和沈从文。那么简陋的教室，却培养了后来那么多优秀的人才，比如得诺贝尔奖的杨振宁和李政道，以及写小说的汪曾祺。校园内如今还立着一尊闻一多的雕像。

在西山游览时，我无意中见到聂耳（1912—1935）的墓。国外读者对聂耳可能很陌生，但在中国，这却是个响当当的大名。

西南联大简陋的教室。

云南师范大学里的闻一多雕像。

中国著名作曲家聂耳的雕像。

从西山龙门上看到的滇池。

从飞机上看昆明的农田。

中华人民共和国的国歌《义勇军进行曲》便是由他作曲、田汉作词的。他的名字也取得很妙，全是由“耳”组成的。可惜，他却很短命，早在1935年，他24岁取道日本赴苏联时，在神奈川县藤泽市海边游泳，不幸溺水去世了。他的墓建造得很有特色，呈云南月琴状。我给他的巨型雕像拍照时，正好有一道阳光照过来，仿佛是上天替我打的灯光。

我后来还去了100多千米外的路南，见到了那怪石林立的石林。途中，还经过以烤鸭闻名的宜良。

大理

我小学五年级时，第一次知道大理这个地名，是在金庸的武侠小说《天龙八部》里。后来发现，金庸写的是宋代的大理。但我在研究所读唐史时，读的却是唐代的大理，也就是南诏国。

我觉得我在大理最大的收获，就是去了这个南诏国的都城太和城的遗址，并且在遗址上见到了那通巨大的《南诏德化碑》。

有上千年历史的《南诏德化碑》。

大理崇圣三塔。

大理南诏国都城太和城遗址。

位处深山的石钟山石窟。

在深山里，连大狗对来客也很好奇。

太和城遗址在今天大理市的太和村，是个很不起眼的小村，就在进入大理城门之前不远的大路旁。

我来到这小村时，正接近黄昏，暖暖的太阳给这小村染上了一种十分抒情的田园风味。村里有一座碑亭，亭里藏的便是那《南诏德化碑》。它是南诏的建国纪念碑，记录了南诏建国初期的重大史事，初立于公元 766 年，已有 1200 多年的历史了。经过这 1000 多年的风吹雨打，碑身已严重风化，字迹模糊不清。

太和村的背面是苍山，正面是洱海，风景很美，地势很险要。当年南诏国的都城建在这里，确是一个容易防守的城，有山有湖的保护，不易攻破。难怪南诏有本钱一直跟李唐皇室抗衡，跟李唐的关系时好时坏。

大理民巷的幽静和炊烟。

苍山边上的崇圣三塔，主要的大塔也是在南诏时期兴建的，有点像西安的小雁塔，淳朴可爱。大理的民居小巷，更有一种古拙、单纯的韵味。在午后的微阳中走进这些民巷，常有让我感动的时候。

剑川石钟山石窟

这石窟位于剑川县城外25千米的一座深山里，交通非常不便。我乘坐了一辆拖拉机，走了三个小时才到，真是一段难忘的旅程。

半路上，我见到一匹瘦马，背驮着一堆建筑材料，吃力地一步一步爬上山去，可以想见这山和外界的隔离。在一个破旧的工地宿舍，两个寂寞的男人围坐在一炉火前抽烟闲聊，还有一只小鸡来他们脚边啄食，有一种山中岁月长的意味。我们的拖拉机经过一排简陋的民居时，一只大狗转过头来盯着我们看，仿佛很好奇似的，觉得山里来了外人，不知发生了什么大事。

一匹瘦马，背驮着建筑材料上石钟山。

石钟山石窟的声名，虽比不上敦煌、云冈和龙门，但它却也是全国重点文物保护单位。窟里主要为唐南诏到宋大理国时期的作品。其中第二窟《阁罗凤出行图》，是南诏国王阁罗凤和一班随员出行的雕像，雕得很精美，很能反映唐南诏宫廷生活的面貌。可惜里头不能摄影，我只能远远地给这石窟的外貌拍一张照片。

丽江

丽江仿佛是宋代的一个村庄，永远凝结在时间的某一点上，一点也不受时间的推移。村里住着的大部分是纳西族人，连那些妇女所穿的蓝色服装，仿佛也是宋代的。

这古老的村庄让我印象最深刻的地方，是它随处可见的流水，那么清澈，那么流畅，那么丰沛。这江水来自附近玉龙大雪山上夏天融化的冰。丽江简直就是一座环水而建的小村，难怪它的名字也有个“江”字。走在村里光滑的石板路上，不绝于耳的便是这淙淙的流水声。不少妇女和少女就在溪边浣衣。

丽江的小石桥和巷道也古老得那么有韵味，历经一千多年时间的洗涤，连石板也被磨得平平滑滑。一切让人有一种澄明的感觉。

我后来在前往虎跳峡的途中，在金沙江的一个滩头上，见到一个小男孩在江边钓鱼。

小石桥古老得那么有韵味。

小男孩在金沙江的滩头上钓鱼。

第九章

入楚记

长江三峡

江渝号江轮停在重庆第七号码头时，远远看去，好像一所三层楼的房子。的确，这艘船蛮大的，可以运载好几百人。我就在这船上度过了两天两夜，航经三峡，望见了神女峰。

第二天，在长江上，我们的江轮正巧和另一艘江轮擦身而过。船上的旅人，你看着我，我看着你，仿佛是寂寞旅途上发生了什么新鲜事。

三峡的旅程的确是寂寞的。江轮上没有什么娱乐活动。长江

重庆第七号码头。

仿佛是寂寞旅途上发生了什么新鲜事。

航经长江三峡神女峰。

两岸的风景，看久了也会嫌单调。三峡的壮丽风光不一会儿也就过去了。剩下的时间，旅人是寂寞的。

然而，我的三峡之旅，却让我进入了一种很抒情的状态。最记得，我常常搬张椅子，坐在舱房外的走道上，看着无尽的江水和两岸的风景平静地流过去，就这样看了几乎两天。我喜欢这种在大江上恒久漂泊的感觉。

写三峡的诗，当以李白的《下江陵》最有名："朝辞白帝彩云间，千里江陵一日还。两岸猿声啼不住，轻舟已过万重山。"但我觉得，杜甫那首《闻官军收河南河北》其实可以拿来和李白此诗相比：

剑外忽传收蓟北，初闻涕泪满衣裳。
却看妻子愁何在？漫卷诗书喜欲狂。
白日放歌须纵酒，青春作伴好还乡。
即从巴峡穿巫峡，便下襄阳向洛阳。

清代浦起龙说，杜甫这首诗是“生平第一快诗”，全诗以快取胜。公元763年，杜甫听到官军打败了安史叛军，高兴极了，便卷起诗书，急着下巴峡，赶回洛阳的老家去。他跟四年前的李白一样，正是从今天的奉节附近下三峡，不过杜甫大约只走到宜昌，就折北往襄阳和洛阳去了。

和杜甫一样，李白写诗时，也正听到一个好消息。公元759年，他原本因叛乱罪被流放到夜郎，走到白帝城（今四川奉节）时，忽然听到被赦。于是他跟后来的杜甫一样，高兴极了，急着下三峡，赶回江陵（今湖北沙市附近）去。李白整首诗，实际上也在写一个“快”字，也是一首快诗。

他说“千里江陵一日还”，看来没有夸张。江陵离白帝城约600千米。江渝号江轮来到奉节时，正好是早上九点钟左右，我们简直是跟李白一样“朝辞白帝”。接着我们饱览了奉节到宜昌的那段三峡美景，然后在晚上11点半抵达沙市，正好是李白说的“一日还”。

其实，如今在宜昌附近建有一个葛洲坝，三峡的水流已经没有古时那么湍急了。唐代没有这大水坝，李白行舟说不定比现代的江轮更快。

湘西—凤凰

仿佛从桃源开始，湘西就是一个很绿很绿的世界。这里不单山是绿的，连水也常是绿的。到了张家界，山的形状更怪了，在雾里更增添一种凄迷的美。难怪小说家沈从文对他湘西故乡的山水颇为自豪。他在《边城》中写道："水中游鱼来去，全如浮在空气里。两岸多高山，山中多可以造纸的细竹，长年作深翠颜色，逼人眼目。"

在王村猛洞河一带，河水更是绿得叫人有些晕眩。两艘小舟停泊在翠绿的山崖边，舟上住有人家，长年在舟上生活。他们的衣服洗了便晾在外头，让河风吹干。湘西的小舟真像是李清照《声声慢》中所说的那种"蚱艋舟"，载不动许多愁，很灵巧的样子。

然后，我终于来到了沈从文的家乡凤凰。这小镇孕育了现代中国文学史上一个伟大的小说家。镇里的小巷和民居还是那么古老，仿佛仍停留在沈从文小时候的民初。小巷铺着青石板，一个老妇人抱着一个小孩静静地在狭小的巷里慢慢踱着方步，没有车辆，没有忙碌，一切是那么的安逸。

猛洞河不单两边的山是绿的，连水也常是绿的。

张家界的山，在雾里更添一种凄迷的美。

猛洞河的“一线天”。

凤凰沱江镇沈从文故居的正门。

沈从文的凤凰小镇，
古老的民居和民巷。

山崖下的河上人家。山山水水更是绿得叫人有些晕眩。

沈从文的故居就坐落在这样古老的小巷中，在凤凰城沱江镇中营街 24 号。走进去，有书房，有卧室，还有一个雅致的小院子。这是沈家祖上的故居，颇可看出他的家世从前很不简单。我离去时，绕到镇上的沱江边上。不少妇女在江边浣衣，江边有两棵小树。

湘西的小舟，载不动许多愁。

妇女们在沱江边上浣衣，江边有两棵小树。

沈从文故居的书房和小院子。

第十章

万里寻碑

黄果树大瀑布

黄果树大瀑布，这名字取得真别致。黄色的果树？什么样的果子是黄色的？给人无限的联想。它是中国最大的瀑布，位于贵州安顺市西南约 45 千米的地方。

巴士还没开到瀑布区，我就听到老远传来一阵阵熟悉的声音，像一连串微弱的雷声，又更像万马奔腾的蹄声。这声音我熟悉，因为刚在两年之前，我开车到加拿大和美国交界的世界最大瀑布尼亚加拉参观时，在几千米外听到的，也正是这样的声音。

我一听，立刻兴奋起来。这样的声音表示的是一个水流量丰沛无比的巨型瀑布。一般的小瀑布是不会发出这种声响的。

果然，巴士一开到现场，我就见到那黄滚滚、圆鼓鼓的瀑布，从一个山崖高高的缺口涌出来，直奔入山下的深潭，再激起数 10 米高的大水花和大水雾，真是壮观极了。这水的流势和声音，真让人感觉到大自然力量之伟大。

其实，黄果树在一般时间，并没有这么巨大的流水。但正巧在我到来之前的几天，连下了几场豪雨，才造就这么雄伟的瀑布。其他时候，特别是在冬天不下雨时，我听说黄果树的水流细小到只有几根水柱子挂在那里，发不出声音来。看来我是有眼福的。

河南宝丰

河南省的宝丰县是妙善观音传说的诞生地，也是我一度经常想念的一个地方。远在宋代，这小城曾经立着一通石碑。石碑上叙说妙善公主如何砍去自己的手，挖出自己的眼，用以治疗罹患恶疾的父王，最后变成了千手千眼观音菩萨。

妙善公主成道的传说，后来在明清小说、宝卷和戏曲等通俗文学中，演变成了一个一个细节越来越丰富的故事，不断吸引后世读者的注意。但宋代的那通石碑，却慢慢被外人遗忘了，以致现代研究妙善传说的学者，都以为这碑早就不存在了。

我在大四那年，无意中竟找到这石碑后半部分的碑文，还因为这机缘，得了奖学金到美国普林斯顿大学去念博士。在普大那几年，我一直在想，什么时候我一定要到宝丰去，为了寻访这通宋代石碑，也为了看看这个“恩人”的出生地。

一踏出宝丰火车站，我便被它那别致的外形吸引了。这小小的火车站真有个性，建得很精巧，仿佛是欧陆某个小镇的火车站。那些大字标语好比对联和横幅一样挂在那里，和火车站的外墙竟还很对衬，配合得很有趣味。

河南宝丰火车站，很有个性，连大字标语也跟外墙配合得很有趣味。

宝丰香山寺塔，孤立在一个小山上。

《大悲菩萨传碑》，而今深藏在香山寺塔下一个券洞里。

《大悲菩萨传碑》的碑头部分，已被水泥涂盖。

河南千唐志斋的收藏室，墙上镶嵌着一块块墓志碑石。

然后，我凭着一个开车师傅的高明指点，在市郊的香山寺塔下的一个券洞里，终于找到了这通石碑。我有一种遇见圣迹的感觉。

其实，这石碑当初应当不是立在洞里的。这碑属于纪念性质，应立在当眼处，或许还建有碑亭保护。但如今，它竟隐藏在塔下的券洞里，并且还镶嵌在墙上，这是很特殊的。这碑当初应当也有个碑头，像唐代的李勣碑那样，但为了镶嵌在券洞的后墙上，碑头上顶端部分看来是被“削”去了，以配合券洞的高度。

千唐志斋

在离洛阳不远的铁门镇，有一座旧时富贵人家公馆那样的建筑物，叫“蛰庐”。它最初的主人张钫，曾经是国民党的高层将领，生前酷爱收藏碑版，特别是唐代的墓志。这蛰庐便是他在20世纪30年代兴建的，用来收藏他从洛阳以及邻近地区所收集到的千余通唐

千唐志斋连外头的走廊和墙柱也镶满墓志碑石。

西岳华山像个巨型的大包子，离市区那么近，让人觉得亲切。

代墓志。读唐史的人都知道，这整个收藏便是有名的“千唐志斋”，等于一部刻在石头上的唐史。

墓志是一块四方形的石版，每边长约 2 米，上面刻着死者详细的小传。这种墓志在北朝隋唐特别流行，而且往往要请当时有名的文人来撰写。像韩愈、白居易等名家，都曾经替高官达人或友人写过墓志，至今仍收在他们的文集里。墓志在宋以后不流行，现传世的绝大部分是隋唐的。

墓志上原本还有一块石版，称为墓志盖，上面除了刻上“某某人的墓志”等几个大字外，其边缘往往还有很华美的线条雕刻。这整个墓志和盖，当初便放在死者的墓室里。它等于是向阴间宣示死者在阳间的功业。

所以，墓志出土，便意味着死者的墓被盗了，或因什么缘故被挖起了。千唐志斋的收藏便来自这些被盗或被挖的唐墓。如今，为了保存这些墓志，人们更将一块一块的墓志石版，镶嵌在一面一面的墙壁上。这仿佛死者的幽灵又重返阳间了，凝结在墙上，向我们幽婉地细说他们的生平故事。

华山

华山远比泰山高，也是道家的一座圣山，但华山最让我欣赏的，却不是这些，而是它竟好像一个巨型的大包子，离山下的小镇那么近，让人觉得那么亲切可喜。

有些名山离城区老远，如四川的峨眉山，高高在上，让人觉得孤独高傲，不易亲近。华山虽是中国五岳中的西岳，但竟那么可亲，真出我意料之外。它的山脚下，还有一条火车铁轨。从我的客房，不时可以见到火车开过去。黄昏时分，一天的旅程结束了，我搬了张椅子到窗前，开了一瓶上好的泸州大曲，闲坐欣赏这样的山景，自酌独饮。

第十一章

藏族风韵

九寨沟

我从四川的广元，途经南坪到九寨沟。在广元，不免要去看看剑门关。历史上从剑门入川的名人太多了，数也数不清。当年杜甫入川，就曾经路过这里，写下“剑门天下壮”的诗句。宋代的陆游更曾经“细雨骑驴入剑门”。

从南坪开始，藏族的色彩越来越浓厚了。街上的商店招牌和路名标志，经常是汉、藏文并用的。四川西部怎么会有如此强烈的西藏风味呢？我很怀疑。这是因为在唐代后半期，川西一带曾经是吐蕃（即今天的西藏）的占领区。当时的说法是“陷蕃”。从此，他们的后代便在这块土地上长居下来了。

四川剑门关：“细雨骑驴入剑门”。

杜甫诗：“剑门天下壮”。

藏民把这些湖泊称为“海子”。

九寨沟也是一个藏族的聚居地，风景很美。我住在诺日朗宾馆，客房的窗正好面对一座高大美丽的青山。九寨沟还有不少蓝蓝的湖泊。藏民把这些湖称为“海子”，常让我想起北京人把鸡蛋称为“鸡子”。

下午睡了个长长的午觉起来，到镜海去玩，半路上见到一座藏族的水磨坊。小小的木建坊子，躲在低矮丛林里，用流水的力量来推动磨子。一个头戴红帽的藏族小孩在水边玩水。路上，又见到一个藏族少女，牵着一匹马，赶着一群小羊。

九寨沟的青山和湖泊，和江南或华北所见的很不相同。或许这儿有点与世隔绝，山山水水都多了一点灵气，而少了人为的俗气。

九寨沟是个藏族聚居地，风景很美。

松潘

松潘像是一个中世纪的藏族小镇，镇里还有城墙和城门，大街上的商店还是木构的。但随着改革开放，镇里如今来了不少温州的裁缝师傅。

在一个马路交叉口，两个藏族妇女，各牵着一头白马，就站在马路上闲话家常。这样的场面恐怕也只有在松潘这样的川西小镇才能见到了，很像“在市场的门口遇见马”那种境界。

我到松潘的时候，正是 7 月盛夏，但气温只有 20 度左右。街头上所见的人们，许多还穿着深蓝色的棉袄。松潘也有不少红发碧眼的外国旅客。

松潘像中古时代的藏族小镇，在市场的门口可能遇见马。

若尔盖大草原

从前我一直以为，只有内蒙古才有大草原。没想到，川西也有大草原，而且看来雨水丰沛，绿草长得比内蒙古的还要浓密茂盛。

大清早，巴士一离开松潘，要往西北的若尔盖方向开去时，路两旁就出现了一大片一大片的草原，一直到我中午抵达若尔盖，居然还没有消失。

盛夏，若尔盖草原上开满美丽的小黄花。

在若尔盖大草原上，黄昏时分的美丽景色。

一路上，不时可以见到藏族的牧场。牧人经常在路边搭起帐篷放牧，马儿在路边吃草。7 月盛夏了，这里竟还嗅不到夏天的气息。气温只有十来度，天灰蒙蒙的，不时下着细雨。牧民们穿得厚厚重重的。

若尔盖其实是一个建筑在大草原中间的小城。傍晚时分，我一个人大胆地走进大草原去探险，爬到草原上的一座小丘上，果然看到不少难得的美景。若尔盖海拔高达 4000 多米，天空看来低低矮矮的，云很蓝，一团一团的，仿佛伸手就能抓一把。

毕竟是盛夏了，草原上开满金黄色的美丽小花。在夕阳下，牧人赶着一大群牦牛回家去。草原上还有一条银白色的细细小河。有个老藏人在河边垂钓。

若尔盖，你的名字就是人间最美丽的牧场。

夏河

夏河最有名的是拉卜楞寺，但最令我惊喜的，却是城中的那座高山。这山是那么的高，离城区是那么的近，几乎遮去了大半个天空。这是我见过的最高、最接近城区的山。

当初在研究所初习唐史时，书上说西安南部被终南山包围着，我当时想象的就是在夏河城中所见到的那种景象。可惜，后来才发现，终南山离西安市区还有 30 千米，在市里是见不到的。我的想象一直要等来到夏河才得以实现。

夏河城中的高山，几乎遮去大半个天空。

拉卜楞寺僧侣居所的小巷子，像中世纪的景观。

拉卜楞寺是甘肃地区最重要的黄教寺庙，有一种庄严、静穆的气氛。我觉得它远比青海湟中的塔尔寺壮观。塔尔寺的游人太多了，商业味道也太浓了。拉卜楞寺交通不便，孤立在甘肃的一角，反而保存了纯朴的一面。

大清早，我在寺庙后面僧侣居所的后巷漫步。那些古老的土墙，那条干净的小巷子，还有那座低矮的青山，在晨光中让人有一种莫名的感动。

青海

火车徐徐转个大弯，准备进入一条隧道时，我坐在尾部的车厢，看见车头在前面转弯。在我左边的车窗外，一个男子骑在一匹黑色的马上，安闲地让它在一块看来不怎么肥沃的草地上吃草。另两匹马一前一后地跟随着。远方，一整列低矮的大山横在那儿，藏青色的，没有树，看来仿佛也没有什么植物。随处是巨型的空旷和荒凉。我跟自己说，这就是青海了。

我从西宁坐火车到格尔木去。那是当年青藏铁路上最高最终的一站（现已通到拉萨），海拔 2807 米。然而西宁的海拔已经是 2261 米了，所以感觉不到火车在爬山，反而觉得它跟在平原上行驶没有什么差别。

坐火车到格尔木，途中会从青海湖的北面开过去。有一段时候，火车铁轨离青海湖是那么的接近。那湖恍如一个巨型的蓝色的梦，慢慢浮现在我眼前。

火车抵达格尔木之前，要穿过一座长长的万丈盐桥。车窗外常可见到白花花的盐田，仿佛积雪未融。在远方，运盐的黑色大卡车不断开过去，给这盐田添了几分神秘色彩。

青海的万丈盐桥，白花花的盐田，像积雪。

不知为什么，青海的山总让我想起小篆里的山字——那么原始，那么简洁的线条，简洁得好像是被人用凿子雕琢过似的。我从格尔木回返西宁时，特地乘坐了一辆巴士，走了一条跟火车铁道不一样的路线。一路上，我见到的山就是这种小篆似的山。

第十二章
文史之旅

泰宁尚书第

泰宁位于福建省北部，靠近江西省，是个很小的县城，交通不便，很少有外人来。但这里却有一个全国重点文物保护单位：明代天启年间兵部尚书李春烨的宅第，俗称泰宁尚书第。

那年我游过武夷山之后，特地转了几次巴士，绕到这里来看看。这尚书第果然很有气派，气质非凡，远胜许多比它更有名气的名胜古迹。不少人批评中国的名胜古迹，认为其实际上名存实亡，比如武汉的黄鹤楼和江西的滕王阁，都是近年才修建的楼阁，而且修建得很艳俗。但泰宁的尚书第，倒还保存了明代的原貌，让人可以真正欣赏到中国古迹的美。

泰宁明代尚书第的正门。

一个穿着蓝衣的老妇人，抱着一个小孩，若有所思地立在回廊上。

曲折幽深的回廊。

我在我那本《杜甫的五城》中，只约略提到我在泰宁“停了一晚，很悠闲”，没说去看过这尚书第。实际上，我去过好多地方，却因为各种原因，在那本书中都没提及。泰宁尚书第那种古朴的砖石之美，用文字来描写很不容易，所以我在《杜甫的五城》中，索性就一字不提。现在出一本图文书，当可补充我上一本书的不足吧。

泰宁尚书第占地面积达4500余平方米，约有120余间房舍，是福建省保存最完好的明代大型住宅群，至今依然有好几户人家住着。我特别喜欢它四周的回廊，那么曲折幽深。我在其中一个回廊拍照时，一个穿着蓝色布衣的老妇人，正巧抱着一个婴儿，若有所思地静立在那儿。人事的沧桑，岁月的推移，仿佛都静止在那一刻了。

石壁村最动人的，是那种中国农村朴实的美。

宁化石壁

福建宁化的石壁村，据说是我们客家人南下的“摇篮”。可惜村里的客家话和我的梅县话很不一样。我几乎不知道他们在说什么，虽然那个腔调还蛮像我的客家话的。

石壁村最动人的，是那种中国农村朴实的美。在中国旅行，我常觉得，城里市区最没有看头，往往都是些失修丑陋的建筑。反而在乡下农村，还可以见到像石壁那样的风景：一片绿油油的水田，一两间简洁的土屋，一两棵大树，就构成了一幅很有中国田园风味的画。

石壁村的农田、农舍、大树和淡淡的远山。

湖南祁阳

1000 多年前，公元 769 年左右，诗人元结因为母亲去世，便离开他道州刺史的职位，来到湖南祁阳面临湘水的一块地方，卜居守制。他在这里前后住了大约三年。不过，他丁忧服满奉召回长安不久，便病死在京城了。

元结在祁阳期间，营建了他的浯溪石刻。他把自己的三篇文章《浯溪铭》《峿台铭》和《痦庼铭》，请三个友人用三种不同的篆体，刻在浯溪的三块石头上。此外，他更把自己写的《大唐中兴颂》，请好友大书法家颜真卿楷书，刻在浯溪一面巨大的摩崖山石上。

盛唐诗人元结，来到湖南祁阳这个面临湘水的地方，卜居守孝。

经过1200多年的风风雨雨，想不到这些浯溪石刻至今仍保存完好，依然留在原处，让我们对元结当年卜居守制的地点真正有了实据，可惜这些珍贵的石刻都不准拍照。相比之下，四川成都的杜甫草堂，就没有那么确定了。那里真的是杜甫曾经退隐的地方吗？还是后人附会？然而，我们对元结的浯溪就没有这种疑问了，正因为有这些石刻为证。

过去我们一向称元结是一个盛唐的诗人，很少有人留意到他的“血统”。其实他是鲜卑人，本姓拓跋。他的先祖随北魏孝文帝从平城迁都洛阳、彻底推行汉化政策时，才改了个汉族的姓“元”。他是北魏王族常山王元遵的第十二世孙。

在我们这个族群意识高涨的时代，元结的身份也转变了。1995年乔象钟和陈铁民主编的《唐代文学史》（人民文学出版社），就形容元结是“文学史上一位杰出的少数民族作家”。

湖南永州

唐代大诗人柳宗元曾经在湖南永州度过漫漫十年，写下名篇《永州八记》。那年冬天，我游过元结的祁阳后，特地到永州去寻访柳宗元的踪迹。

永州市郊有一条纪念柳宗元的柳子街，街上还有一整列古老的明清时代的楼房，让人感觉到永州还算有点古意。市中心

永州柳子街上古老的民居。

的建筑物都太新了。

祁阳有元结的刻石，使我很肯定那是元结住过和到过的地方。永州就没有这样明确的标志了。我走进愚溪边上的小村时，一个老农夫告诉我：“那里就是钴鉧潭。那边是小丘。再过去就是小石潭。”我却不免有些怀疑：真的如此吗？1000多年后，人们还记得柳宗元当年到过的地方吗？

可惜那时阴雨，没有拍到什么照片。后来经过潇水时，见到几条小舟在江上垂钓。小舟的样子很古老，不知是否传自柳宗元的时代？他所见到的“独钓寒江雪”的景象，不知是否像我在1000多年后的那天所见？

那天午后，我爬到当年柳宗元静坐的法华寺遗址，遥望远处的西山。毕竟是冬天了，天空灰兮兮的，那几棵大树的叶子

冬天从法华寺遗址所见的西山景致。

都落尽了，只剩下光秃秃的枝桠。柳宗元在《始得西山宴游记》中所写的是深秋的景致（文中有一个日期“九月二十八日”），而我见到的却是12月冬天的西山，但我们所见的，或许不会相差太远吧。

虎门销烟

当年林则徐在广东的虎门销毁鸦片烟，许多人常误以为是林放了一把大火去烧毁的。有些电影和书也如此处理这个场面。

然而，我去了虎门一趟，看了林则徐所建的那两个巨型的销烟池后，却对销毁鸦片的方法多了一层新的体会和领悟。虎门现已改名为太平。

我觉得最不可思议的一点是，当年林则徐为了销烟，竟得先去兴建那两个巨型的销烟池。想想看，兴建那两个大池，该花费多大的人力和财力啊？从照片中也可看出，那两个大池还建得蛮结实考究，并非草草在地上挖一个大洞了事。为什么林则徐不干脆放一把火，把鸦片烧了算了？为什么要兴建两个大水池来销烟？

当然，林则徐的方法是很科学的。水池就建在一条靠海的河边。建好后，先引河水入池，投进大量的盐，再把鸦片分批倒入池中，让盐水把鸦片溶化。然后，又加入生石灰，起化学作用，使鸦片彻底分解消融。最后，在退潮时，把消融的鸦片全流放到池后的小河，再随河水流入大海。

为什么林则徐不用火烧法？其实他第一次销烟，的确是用的火烧法，但发现火烧之后，有人可以从地下挖出鸦片膏。可见火烧法不是最彻底的方法。

后来，他从一个英国医生那儿探听到，鸦片最怕盐和石灰。销烟是一种毁灭，但为了毁灭，却得先有建设，先建了两个大池。最后，鸦片烟毁了，一切烟消云散了，那两个大池倒成了永恒的纪念。

销烟池周围的围墙和排水洞口。

林则徐在虎门所建的两个巨型销烟池之一。

第十三章

途经孔子故里

曲阜

最能代表中国，特别是古老中国的树种，恐怕要算松树和柏树了。这两种树在北京天坛旁边的公园栽种了很多，都是几百年的，的确给人一种很古老的感觉。曲阜孔庙里也有不少。我觉得，若是孔庙少了松柏，单靠那些寺庙，恐怕要逊色不少。

有了松柏，孔庙才有那种古老幽远的味道，也添了几许阴凉。孔庙的松柏看来都是上百年的，那种历史感的自然流露，看似简单，其实不知包含了多少代种树人的心血。我自己喜爱种点草，种点树，很清楚照顾草木的不易。

有了松柏，孔庙才有那种古老幽远的韵味。

孔府的房舍多为明清遗物，远看自有一种古意。

《桃花扇》的作者孔尚任的墓，有些凄冷。

孔府的房子多是明清遗物，远看自有它们的古意。不过我去的那年，这些房舍很多都被改用来售卖糕饼和纪念品，商业的味道很浓厚。

孔林是孔家的墓园，比较著名的墓倒不是很多。我稍感意外的是，骑车老远，在一个偏远的角落找到了《桃花扇》的作者孔尚任东塘先生的墓。比起唐代的大墓来说，他的墓可说很简单，没有神道，也没有神道碑，如今显得有些冷清。

泰山

如今上泰山，一般游客恐怕都是乘搭登山缆车直达最高的南天门。但我那年登山，倒真的是自己爬了几个小时，一步一步走上那十八盘路才到的。我觉得自己爬上去比较有意思。

唐玄宗所书的《天下大观·纪泰山铭》摩崖碑。

汉唐时代，登泰山更是一件大事。真正登过泰山行封禅之礼的皇帝，历史上也寥寥可数。唐代的玄宗是其中一个。当年他登泰山，不知是他自己走上去，还是坐在步辇上，由几个宫女抬着上去，就好像唐阎立本所画的《步辇图》那样？

泰山顶上那通巨型的《天下大观·纪泰山铭》摩崖碑，据说是玄宗亲笔写的。如果属实，玄宗的书艺倒不错。这通石碑，几乎是先把整个山头磨平了才来刻字的，工程不可说不浩大，如今依然是泰山顶上最大的一通石碑。看来，唐玄宗的盛世果然了得，连明清两代也没有本事制作出一通比它更浩大的摩崖碑来。

安阳

繁忙的安阳火车站。

安阳是个有几千年历史的古城，可是它和中国许多古城一样，外表上看来并不古老。市里绝大部分建筑物的历史，恐怕还不到一百年。不知情的外人，很可能会以为安阳只是个新兴的城市。正巧，如今它又位于繁忙的北京到广州的铁路沿线上，每天停靠的火车超过百班，更像一个充满朝气的新城市。

就连它市郊那著名的安阳小屯殷商宫殿遗址，也让人感觉不到多少古意。比如出土甲骨文的地点，在我去参观的那年，只是一个很简陋的小土堆，旁边还立着一座很丑陋的现代工厂式大楼房，一点也不像一个有几千年历史的古迹。要不是那土堆旁立着一个石碑“甲骨文出土处”，我还以为我走错了路呢。

至于殷商宫殿遗址区也是如此。当年，李济等“中央研究院”的考古学家，曾经在这里做过好些年的科学发掘。如今，为了保护这片遗址，又在发掘现场上填上了一层泥土。农人在这里种菜种花。这使它看来完全不像殷商遗址，倒很像是谁家的菜园。

安阳的殷商宫殿遗址区，如今像是谁家的菜园。

但最让人惊喜的是那条洹河，竟那么接近这宫殿区。清晨的阳光照在这条古老的洹河上，使它看起来变得那么年轻。其实，它很古老了。它正是殷商时代宫殿用水的一个重要来源。我不禁在幻想，3000 多年前的某一个早晨，应当有一个商代的宫女，走下这片小树林和斜坡，来到河边打水，然后回宫准备做午饭。

甲骨文出土处，看来简陋，不像个古迹。

殷商宫殿遗址区后面古老的洹河，在阳光中显得那么年轻。

满城

河北满城，这地名真别致，宛如“满城阳光”。我到这个保定附近的小城，倒有一个很特殊的原因，是很个人的理由。我想看看那座西汉中山靖王刘胜夫妇墓的墓室位置。墓其实有两个。很奇怪，刘胜和他妻子竟分开葬在不同的墓室。唐代的皇帝，一般是跟皇后或爱妃合葬在同一个墓室的。

汉代的墓很少是“凿山为陵”（或说“依山为陵”）的，就连汉武帝的茂陵，也只是堆土为陵罢了。中山靖王墓却是汉代少数“凿山为陵”的墓，但“凿山为陵”到底是怎么一回事？墓室到底建在山顶上，在山腰，还是在山脚下？史书上没说清楚。

河北满城的西汉中山靖王刘胜墓。

靖王墓建得如此接近峰顶。

所以，最好的办法莫如亲自来看一看。

我从前猜想，汉代和唐代许多这类依山为陵的墓，它们的墓室应当是建在山顶上的。果然，来到满城一看，那靖王墓的确是在山峰顶上，而且是那么靠近峰顶，离峰顶恐怕还不到10米。刘胜妻的墓在另一边，也是如此接近峰顶。

当年他们就在靠顶峰的地方，像挖火车隧道一样，先挖出一条长达51.7米长的墓道，然后在墓道的尽头兴建了一组墓室，包括车马房、库房、前堂和后室。刘胜的遗体穿着那著名的金缕玉衣，躺在后室的一个白玉棺床上。那盏著名的长信宫灯，也在这里出土。手持宫灯的那个汉代宫女，她脸上的表情真丰富。

然而，为什么汉唐的这些帝王墓要建在山峰顶上，这倒是一个未解之谜。明清的帝王墓已不建在山顶上了。如北京明代万历神宗皇帝的定陵，他的墓室就建在山脚下，深入地面之下27米。现代的游客去参观，还得沿着楼梯一步一步地往下走。

第十四章

从山西到陕西

五台山

五台山上的寺庙很多，庙四周栽种了不少松树和柏树，让我想起曲阜的孔庙，都有一种古老幽深的景致。

山西五台山的标志——白塔。

五台山的寺庙和松柏。

但我觉得五台山最美丽的，还是它周围的那些青山。这些山毛茸茸的，很少有树。远远望去，只有那黛绿的青草。这样的山和山谷最适合放牧牛羊了。我下山时，常见到牛羊在山坡上安静地吃草。

五台山上还保存着两座唐代木构的寺殿。最古的是南禅寺大殿，坐落在五台县城西南22千米的李家庄，建于唐

五台山的寺庙常有一种静穆的美。

五台山最美丽的，还是这些毛茸茸的青山。

建中三年。另一是佛光寺的东大殿，位于五台山东北25千米的佛光山腰，建于大中十一年。可惜，当年我到五台山时，资料缺乏，竟错过了这两座唐寺。后来见到南禅寺的照片，更被它寺顶正脊上的一对鸱尾深深吸引了。那是一对我见过最生动迷人、雕刻得最有线条张力、最有盛唐气派的鸱尾。

浑源悬空寺

最初看到悬空寺这一名称，以为它真的是“悬空”的。来到一看，才发现它原来建筑在一面峭壁上，其实不算“悬空”，因为寺庙建筑的底部都有支架插入峭壁之中。可能也因为如此，寺庙的每个房舍都建得特别窄小，不像平地上的庙宇。毕竟在峭壁上建庙是不容易的。但奇怪的是，这一带空旷的地方很多，那为什么偏偏要选在峭壁上建庙呢?

这座悬空寺，据说有1400年的历史，但看来蛮新的，似乎是近年新修的。所以当年中国建筑史家梁思成和他的妻子林徽因要跑到五台山荒凉的丛林之中，才能找到真正唐代的木构寺庙佛光寺。

我觉得，要欣赏悬空寺的美，应当从它对面远远的公路上望过来，才能发现它和那面峭壁的对比是如何精巧。我就是乘搭了一辆巴士，在那公路上下车走过来的。那面大峭壁恍若有

那面大峭壁，仿佛在保护着悬空寺这小庙。

悬空寺狭小的房舍。

一种浑厚无比的力量，保护着一座脆弱细致的小庙。

应县木塔

应县这一带，在隋唐已经算是“边塞”了。隋唐不少边塞诗所描写的，正是应县这一带的风景。突厥和回纥骑兵常常也是从这一带南下的。的确，这里如今也很荒凉。山高高秃秃的，颜色特别艳丽怪异，常常是橘色、紫色和铁灰色的混合。

难怪应县的木塔建于辽代清宁二年（1056）。辽正是一个外族契丹人的王朝。一座辽代的木塔，建在应县这样一个地方，真可说是个很美好的组合。如果这座辽塔建在西安，不知会给后人产生怎样的观感？那一定是很怪异的。

应县木塔如今坐落在民居的一条陋巷里，也让我感觉到了历史和时间的变迁。照我推测，当初建塔时，周围是没有民居的。但后来，人们的活动都围绕着这座木塔进行，房舍越盖越多，终于把这木塔团团包围了。

然而，隔了快 1000 年，木塔基本上还很完好，那些粗巨的木梁也没有腐朽，算是很不容易了。

三岔

这又是个很别致的中国地名：三岔。从山西省的地图上看，它真的位于一个三岔路口：往北可以到内蒙古的和林格尔；往西可以到黄河，过河就是陕西省；往南可到山西的五寨。往北那条路在历史上其实蛮有名，当年王昭君出塞，好像就曾经路过这儿。

这小城原不在我的行程上。我从应县乘巴士，准备越过黄河到陕西榆林，中途因为巴士坏了，被迫在三岔停留了一晚。

山西应县的辽代木塔。

我行走在中国的那几年，长途巴士是经常在半路上出问题的，不过司机往往都懂得修车，一般都可修好继续赶路。唯一在三岔的这一次，车没法修好。我被迫在三岔停留，不过却有意外的收获，第一次有缘睡在华北的热炕上。后来我在《杜甫的五城》那本书中，细写了这次难忘的旅程。

巴士从应县往西行，途中经过一个很有趣的路边餐厅。它简直就位于一片荒漠上，孤零零的，四周什么建筑物也没有。在它后面，有一排荒芜不毛的大山，铁灰色的。餐厅外墙漆上了非常鲜艳的青蓝色，在这片荒漠中分外抢眼。最好玩的是，餐厅的名字就叫“张三饭店”，非常平民化，仿佛有阿狗阿猫、张三李四的味道。我们的长途巴士就停在这里，让乘客吃午饭。

从山西应县西行，途中经过这家很有个性的张三饭店。

三岔汽车站前的小吃摊，在晨光中有一种温馨的韵味。

在热炕上睡了一晚，第二天早上，到三岔汽车站买票时，站外已经很热闹了。晨曦中，好几家个体户正在生火，忙着做早点，准备开摊了。山西这一带都是产煤区，小贩烧的也是煤。整个场景有些黑兮兮、脏兮兮的，但在早晨微红的阳光中，在那三棵树的背景下，又有一种出奇温暖的韵味。

榆林

榆林真有些边塞的感觉了。在隋唐，这里当然就是边塞。明代更在这里建了一段很雄伟的长城。黄昏时，不少年轻的男女学生，在长城的断垣上，靠着天光读书。

中午，从榆林石窟回返市区途中，我经过一条乡间小路。路两边种满了两排整整齐齐的大树，树荫好阴凉。一个老头赶着一辆小驴车，在我乘坐的三轮车前面悠闲地走着。我觉得，这样的风景反而最有榆林风味了。

延安

终于来到延安了。从前，到延安是件很神圣也很神秘的事。三四十年代有不少作家到过延安，毕竟这里是革命基地。毛泽东和周恩来都曾经在延安的窑洞待过，如今他们的故居还保存下来。在六七十年代，不少知识青年也喜欢到这里来串联。

延安最让我欣赏的，是它那狭长的地形。从地图上可看到，它窄窄长长的，像个 Y 字形的城市夹在几座大山的中间，有点像陕西的平凉那样瘦长。这才是一个有山险可守的城市。难怪延安会成为革命圣地。

一个老头，驾着一辆驴车，经过两排很整齐的树木。

周恩来的窑洞故居。

第十五章
跨越五省

韩城

陕西韩城位于黄河的西岸，是汉代史家司马迁的故乡。这里的黄河瘦瘦小小的，两岸的距离恐怕不到50米。如今只靠了一座短短的铁桥，陕西和对岸的山西人民就能往来了。在唐代，这里也是关内（今陕西）和河东（今山西）来往的要道之一。当年唐高祖从山西太原起义，就是从这儿渡过黄河入关的。

司马迁的祠墓建在城南芝川镇的一个高岗上，可以望见远方的黄河，风很大，风景很美。这里和孔庙、五台山等地一样，

党家村内一座雕刻精致的节孝碑。

党家村的古塔，形制很罕见。

大户人家的小院子，古雅幽静。

种了许多古柏和古松，给人一种庭院深深的感觉。这祠墓区历经唐、宋、明、清各代修建，现在成了全国重点文物保护单位。

韩城虽说有几千年历史，市里却没有什么古意，倒是市郊有个党家村，还保存着不少古朴典雅的明清时代民居、古碑和古塔。

我特别喜欢走在这些古朴民居的巷子里。比起大理和丽江的民巷，党家村不单给人更浓厚的历史感，而且许多建筑雕刻是其他地方见不到的。比如那座节孝碑，修建得如此精致华美和高大，十分罕见。又如那座高砖塔，形制很古，和我们一般所见到的中国古塔很不一样。再如那个大户人家的小庭院，和华北四合院的院子也很不同，门窗上的木雕刻得很古雅，结构严谨。我一走进来，立刻就被它深深迷住了。

元代所修的司马迁墓。

三门峡中流砥柱

河南省的三门峡市常常被人误以为是长江上的三峡。正巧，三门峡也有个庞大的水坝，更容易和正在兴建中的三峡水坝搞混。其实，三门峡的那个水坝早在60年代就建好了，工程庞大，正好建在黄河上，利用黄河水来发电，跟建在长江上的三峡水坝，性质上又有些相似。

我曾经到过三门峡两次，两次都是从山西平陆县茅津渡口上渡过那条瘦削的黄河，进入三门峡市的。第一次为了匆匆赶去洛阳，没有停留。第二次住了一晚，就为了看看三门峡上那著名的中流砥柱。

中流砥柱在历史上当然是很有名的。它不单是一句成语，在唐代还曾经造成了许多人的伤亡：正因为这砥柱，黄河的水流到了三门峡这一段突然变得湍急，把江南来的那些漕运船弄翻、弄沉了。唐代那一批水陆转运使，想尽办法也没法解决，最后只好把三门峡这一带的漕运改为陆运了。

然而，我听三门峡的老师傅说，这砥柱“崩了”，是在当年修建大水坝时弄崩的。结果，我在水坝边上见到一块不怎么起眼的石头，问了问在水坝区工作的人员，他们都说：“对，那就是中流砥柱。”我后来买到河南省旅游局出版的一套明信片，其中一张就是这个“不怎么起眼的石头”的照片。照片说明也指出它是中流砥柱。我心想，这块不起眼的石头，曾经在唐代造成那么大的破坏和人命伤亡吗？还是中流砥柱真的“崩了”，只剩下这一小块？

河南黄河上的三门峡水坝。河中那块石头就是传说中的中流砥柱。

据说这就是历史上有名的中流砥柱。这么小，真的崩了吗？

西峰—固原—麟游

“维贞观六年孟夏之月，皇帝避暑乎九成之宫，此则隋之仁寿宫也。”这是欧阳询写的《九成宫醴泉铭碑》开头的第一句。许多人刚学写毛笔字，大概都曾经临摹过这一句。没想到，这碑还立在当年九成宫的原址——陕西麟游。

那年夏天为了寻访这通名碑，我还绕了一条远路，从西峰、平凉、固原、泾川，再经两亭到麟游。其实，麟游就在西安西北约100千米，从西安搭车去最方便，几个小时就到了。当年杜甫在北归途中，曾从凤翔途经这儿，还写过一首诗《九成宫》，一开头就说：“苍山入百里，崖断如杵臼”，非常形象的一个描写。其实，杜甫从凤翔来，应当经过现今两亭和招贤那条路，那也正是我到麟游去所走过的路。

当然，我走远路，路上也见到不少景物。比如，在西峰见到北石窟寺和被大水冲刷过的绿色山谷。在平凉通往固原的六盘山区，中国铁路当年正在兴建宝鸡到中卫的铁路线，随处可见到高高的桥墩和山中的隧道洞口。这一带也是唐代军队到过的地方。当年安禄山叛乱时，玄宗的儿子李亨带着一批兵马逃到灵武即皇帝位时，他们应当走过这六盘山区。

后来，我在两亭这个小镇等车到麟游时，见到一个矮小的老人，用一根扫把，赶着两头牛回家去。这仿佛是南美小说家马奎斯小说中的一个场面。

被大水冲刷成的山谷深沟。

麟游《九成宫醴泉铭碑》，现在建有一个管理所保护。

麟游位于岐山之北，处处是绿油油的树木，即杜甫所说的“苍山”。夏天也能感觉到秋天般的凉爽，难怪隋唐要在这里建筑一座皇帝避暑的行宫。但九成宫早在唐代就已经被大水冲毁了。《九成宫醴泉铭碑》却还幸运地保存至今，并建有一个管理所保护。

陕西西峰附近所见到的绿色山谷。

六盘山区兴建中的火车桥墩和隧道。

我用手摸摸这通千余年历史的名碑，感觉到它的碑身冰凉凉的。它身上的刻字，经过千余年的拓印，竟只剩下薄薄的一层字了。那些字细细瘦瘦的，仿佛“营养不良”的样子，再也不是我们在字帖上所见到的那些丰润的欧体了。千余年的拓印，竟能把一块坚硬无比的碑石打成这个样子。名碑似乎都注定要默默忍受后人的摧残。我们或可想象，在历史上很长的一段时期，麟游应当“时有游人打碑卖”。这是宋代诗人张耒在一首诗中，形容另一通著名唐碑《大唐中兴颂》的命运时所说的。

九成宫虽早已不存，如今在麟游的一条大街上，却还保存着一口当年的唐井，可以让后人窥见九成宫华美的一面。这口唐井在 1980 年才被发现，现建有一个井亭保护。最珍贵的是，据考古学家说，它井台上的那些方形素面石板和长形石条，竟还是唐代的遗物。唐代遗留下来的这些实物太少了。我不免又在幻想，当年一个唐代宫女站在这儿打水，该是一种怎样的光景呢？

《九成宫醴泉铭碑》，经过1000 多年的拓印，如今只剩下薄薄的一层字。

这口唐井，让后人得以窥见当年九成宫华美的一面。

附录

九次中国之旅详细路线里程表

	行程（千米）	交通工具	个人玩赏重点或地方美食
第一次旅程（1989年6月到7月）			
广州—长沙	706	软卧火车	广州动物园、长沙马王堆汉墓遗址及出土文物
长沙—岳阳	140	硬座火车	汨罗河、岳阳楼
岳阳—桂林	547	软卧火车	漓江风景
桂林—柳州	176	硬座火车	柳侯公园
柳州—梧州	369	旅游巴士	广西的森林
梧州—广州	336	江轮	西江漂流
广州—梅县	434	普通巴士	外祖父的三堂屋
梅县—潮州	157	普通巴士	开元寺
潮州—汕头	50	小巴士	潮州卤鹅和鱼丸
汕头—香港	400	南湖号轮船	南中国海上的落日
小计	**3315**		
第二次旅程（1989年8月到10月）			
广州—西安	2129	软卧火车	曲江旧址、大小雁塔、大明宫遗址、唐昭陵、乾陵、兴教寺、终南山
西安—兰州	676	硬座火车	黄河
兰州—酒泉	748	软卧火车	酒泉公园、嘉峪关
酒泉—敦煌	404	旅游巴士	敦煌石窟、鸣沙山
敦煌—柳园	122	普通巴士	欧陆式的小小火车站

柳园—吐鲁番	682	硬座火车	交河、高昌故城、苏公塔、阿斯塔那古墓群、火焰山
吐鲁番—乌鲁木齐	183	普通巴士	天池
乌鲁木齐—兰州	1892	硬座火车	河西走廊
兰州—银川	468	硬座火车	杜甫五城火车路线前半段
银川—呼和浩特	676	硬座火车	贺兰山、阴山、杜甫五城路线后半段
呼和浩特—希拉穆仁	150	四轮驱动车	内蒙古大草原
呼和浩特—大同	285	软卧火车	云冈石窟
大同—北京	382	硬座火车	西山、曹雪芹故居、定陵、故宫、颐和园、圆明园
北京—太原	568	硬座火车	晋祠
太原—运城	412	普客慢车	运城盐池
运城—洛阳	250	普通巴士	黄河古渡、龙门石窟、含嘉仓遗址、邙山古墓群
洛阳—广州	1480	中国民航班机	
小计	**11507**		

第三次旅程（1990 年 5 月到 7 月）

香港—昆明	1408	港龙班机	西山、滇池、西南联大旧址、石林
昆明—大理	391	普通巴士	苍山、洱海、太和城遗址、民巷、 崇圣三塔
大理—剑川	126	普通巴士	小县城的寂清
剑川—石钟山石窟	25	拖拉机	石钟山石窟

剑川—丽江	76	普通巴士	丽江古城、虎跳峡、金沙江
丽江—攀枝花	350	普通巴士	从南面云南高山入蜀
攀枝花—峨眉	593	硬座火车	峨眉山
峨眉—成都	156	硬座火车	杜甫草堂、王建墓、武侯祠、青城山、都江堰
成都—永川	339	硬座火车	大足石刻
永川—重庆	165	硬座火车	抗战都城的余韵
重庆—沙市	798	江渝号江轮	长江三峡
沙市—常德	200	普通巴士	沈从文的常德余韵
常德—桃源	40	普通巴士	桃花源
桃源—大庸	200	普通巴士	张家界
大庸—王村	74	火车 + 小船	猛洞河
罗依溪—吉首	51	普客火车	小县城寂清的夜
吉首—凤凰	52	普通巴士	沈从文故居、沱江
凤凰—怀化	95	普通巴士	火车拉来的城市
怀化—贵阳	458	硬座火车	黄果树大瀑布
贵阳—安康	994	硬卧火车	长途旅行的栖息
安康—襄樊	368	普客火车	诸葛亮古隆中
襄樊—宝丰	251	硬座火车	香山寺、大悲菩萨传碑
宝丰—洛阳	134	硬座火车	北朝隋唐余光
洛阳—铁门	42	硬座火车	千唐志斋藏石
铁门—华山	222	硬座火车	华山
华山—西安	123	硬座火车	钟楼、东大街
西安—石泉	269	普通巴士	翻越秦岭
石泉—汉中	152	硬座火车	褒斜道石门十三品

汉中—广元	201	硬座火车	陆游“细雨骑驴入剑门”
广元—昭化	27	普通巴士	品尝嘉陵江鲤鱼
昭化—南坪	240	普通巴士	白水江
南坪—九寨沟	70	普通巴士	长海、镜海
九寨沟—松潘	98	普通巴士	小镇上藏族风味
松潘—若尔盖	150	普通巴士	人间绝美的牧场
若尔盖—夏河	311	普通巴士	拉卜楞寺
夏河—临夏	109	普通巴士	清真寺、小城中伊斯兰风味
临夏—临洮	112	普通巴士	悲凉的黄土高原
临洮—兰州	107	普通巴士	兰州正宗牛肉拉面
兰州—西宁	216	硬座火车	青海新兴的城市风味
西宁—湟中	50	普通巴士	塔尔寺
西宁—格尔木	815	硬卧火车	火车上看青海湖、万丈盐桥
格尔木—西宁	900	普通巴士	沿途看甲骨文似的秃山
西宁—西安	892	硬卧火车	游三原县城、清真大寺、兴庆宫公园、碑林看拓碑
西安—广州	1528	民航班机	
小计	**13978**		

第四次旅程（1990 年 8 月）

广州—梅县	330	飞机	曾祖父的文舫楼、黄遵宪故居
梅县—北京	1967	飞机	万里长城、天安门、雍和宫、地铁
北京—上海	1178	飞机	外滩、弄堂
上海—杭州	201	硬座火车	西湖、灵隐寺、天竺寺

杭州—苏州	163	古运河拖船	观前街、拙政园、寒山寺、虎丘
苏州—上海	84	硬座火车	街景和上海人的世故与精明
上海—香港	1408	飞机	
小计	**5331**		

第五次旅程（1990 年 12 月）

广州—衡阳	521	硬座火车	广州陈家祠、陈寅恪旧居、衡阳中岳衡山
衡阳—祁阳	106	普通巴士	浯溪石刻、大唐中兴颂碑
祁阳—永州	51	普通巴士	柳子街、西山、潇水
永州—道县	104	普通巴士	仿司马迁"窥九嶷"、道县县城
道县—宁远	42	普通巴士	宁远文庙
宁远—郴州	139	普通巴士	
郴州—广州	374	硬座火车	
小计	**1337**		

第六次旅程（1991 年 7 月到 8 月）

广州—厦门	567	飞机	鼓浪屿、集美
厦门—泉州	151	普通巴士	开元寺双塔、清净寺、清源山老君岩造像、李贽故居
泉州—福州	198	普通巴士	于山定光寺严复读书处、林则徐祠堂
福州—南平	166	硬座火车	
南平—武夷山	184	小巴士	闽北山水
武夷山—邵武	148	普通巴士	

邵武—泰宁	79	普通巴士	泰宁明代尚书第
泰宁—建宁	61	普通巴士	
建宁—宁化	115	普通巴士	石壁村
宁化—长汀	100	普通巴士	长汀革命旧址、瞿秋白纪念碑
长汀—上杭	191	普通巴士	
上杭—梅县	150	普通巴士	仙人板
梅县—香港	450	普通巴士	
小计	**2560**		

第七次旅程（1992 年 2 月）

深圳—惠州	120	小巴士	惠州西湖
惠州—东莞	150	小巴士	
东莞—虎门	70	小巴士	虎门炮台、林则徐销烟池
虎门—深圳	120	小巴士	
小计	**460**		

第八次旅程（1992 年 6 月到 7 月）

广州—武汉	873	飞机	黄鹤楼
武汉—郑州	516	硬座火车	大河村新石器时代遗址
郑州—开封	71	普通巴士	寻访北宋汴京遗迹
开封—嘉祥	270	普通巴士	武梁祠
嘉祥—曲阜	80	普通巴士	孔庙、孔府、孔林
曲阜—泰安	80	普通巴士	登泰山
泰安—济南	74	普通巴士	山东大学、大明湖
济南—安阳	292	普通巴士	小屯甲骨文出土处、殷商宫殿遗址、洹河

安阳—石家庄	225	普通巴士	
石家庄—保定	131	普通巴士	凉粉皮
保定—满城	30	计程车	西汉中山靖王刘胜夫妇墓
保定—五台山	250	普通巴士	寺庙和青山
五台山—砂河	70	小巴士	被困一天的感觉
砂河—浑源	80	普通巴士	悬空寺
浑源—应县	50	普通巴士	辽代木塔
应县—三岔	160	普通巴士	睡在华北的热炕上
三岔—保德	84	普通巴士	黄土高坡
保德—榆林	224	普通巴士	古长城、想象汉唐异族骑兵南下
榆林—延安	318	普通巴士	枣园、周恩来旧居、延安文艺座谈会旧址
延安—黄陵	171	普通巴士	千年古柏树
黄陵—铜川	75	普通巴士	唐宋耀州窑遗址、药王山北魏石刻
铜川—蒲城	130	普通巴士	唐睿宗桥陵、唐玄宗泰陵
蒲城—韩城	126	普通巴士	司马迁祠墓、党家村
韩城—三门峡	190	普通巴士	中流砥柱、春秋时代虢国车马坑
三门峡—西安	265	硬座火车	牛羊泡馍、西安甜杏、陕北红枣
西安—扶风	88	普通巴士	法门寺、回想韩愈的《论佛骨表》
扶风—凤翔	51	普通巴士	杜甫“芒鞋见天子”
凤翔—西峰	150	普通巴士	北石窟寺
西峰—平凉	102	普通巴士	小城的狭长
平凉—固原	116	普通巴士	小镇的伊斯兰风味
固原—泾川	186	普通巴士	南石窟寺碑

泾川—麟游	120	普通巴士	九成宫醴泉铭碑、唐井
麟游—西安	150	普通巴士	陕西历史博物馆、乐游原青龙寺遗址、华清池
西安—广州	1528	飞机	飞机上望秦岭
小计	**7326**		

第九次旅程（1993年9月到10月）

广州—南京	1255	飞机	秦淮河畔、明陵
南京—扬州	100	普通巴士	瘦西湖
扬州—镇江	50	普通巴士+渡轮	渡长江
镇江—宣州	124	硬座火车	李白敬亭山
宣州—黄山	182	硬座火车	黄山
黄山—婺源	90	普通巴士	朱熹的故乡婺源
婺源—景德镇	87	普通巴士	中国瓷都
景德镇—九江	156	普通巴士	庐山、陶渊明“悠然见南山”
九江—南昌	135	硬座火车	滕王阁
南昌—广州	665	飞机	西汉南越王墓
小计	2844		

九次旅程总计：48658 千米